让课堂更精彩！
精通微课设计与制作
（第2版）

缪亮 陈荣团 主编

清华大学出版社

北京

内 容 简 介

这是一本介绍微课视频制作技术的图书,全面介绍了使用 Camtasia Studio 进行微课视频制作的理论和实践知识,涵盖了微课的相关知识、微课视频制作的理论和技巧、使用 Camtasia Studio 录制微课的方法和技巧、使用 Camtasia Studio 对微课视频进行编辑处理的技巧。

本书内容丰富、图文并茂,不仅对 Camtasia Studio 在微课制作中的作用进行了介绍,更涵盖了翻转课堂教学这种全新的教学方式的理论、模型和方法。本书能够帮助广大教师熟悉翻转课堂和微课程的相关理论,掌握微课视频的制作技巧,设计出优秀的微课作品,实现提高教学质量的目的。

在配套资源中,提供了本书用到的微课范例源文件及各种素材。为了让读者更轻松地掌握微课制作技术,作者针对一个完整微课案例的制作过程开发了配套视频教程,全程语音讲解,真实操作演示,让读者一学就会!

本书适合于大学、中学和小学以及各类职业学校教师学习微课视频制作使用,同时也可以作为各级师范院校相关教材。

本书封面贴有清华大学出版社防伪标签,无标签者不得销售。
版权所有,侵权必究。举报: 010-62782989,beiqinquan@tup.tsinghua.edu.cn。

图书在版编目(CIP)数据

让课堂更精彩!: 精通微课设计与制作/缪亮,陈荣团主编. —2 版. —北京: 清华大学出版社,2021.7 (2024.1重印)
ISBN 978-7-302-57436-1

Ⅰ.①让… Ⅱ.①缪… ②陈… Ⅲ.①多媒体课件—制作 Ⅳ.①G434

中国版本图书馆 CIP 数据核字(2021)第 019674 号

策划编辑: 魏江江
责任编辑: 王冰飞　薛　阳
封面设计: 刘　键
责任校对: 胡伟民
责任印制: 刘海龙

出版发行: 清华大学出版社
　　　网　　址: https://www.tup.com.cn, https://www.wqxuetang.com
　　　地　　址: 北京清华大学学研大厦 A 座　　邮　编: 100084
　　　社 总 机: 010-83470000　　　　　　　　邮　购: 010-62786544
　　　投稿与读者服务: 010-62776969, c-service@tup.tsinghua.edu.cn
　　　质量反馈: 010-62772015, zhiliang@tup.tsinghua.edu.cn
　　　课件下载: https://www.tup.com.cn,010-83470236
印 装 者: 大厂回族自治县彩虹印刷有限公司
经　　销: 全国新华书店
开　　本: 185mm×260mm　　　印　张: 19　　　字　数: 472 千字
版　　次: 2017 年 10 月第 1 版　 2021 年 7 月第 2 版　　印　次: 2024 年 1 月第 5 次印刷
印　　数: 12601~14100
定　　价: 59.80 元

产品编号: 089725-01

以互联网技术为代表的信息技术在我国取得了飞速的发展,移动互联网已经普及,云存储和云计算技术趋于成熟,社会快速进入互联网+时代。在这种情况下,以网络和信息技术作为支撑的翻转课堂教学模式得到了极大发展,越来越受到教师的重视。

"翻转课堂"这种教学模式的出现是当前信息技术和网络技术高速发展的必然结果,这种教学模式的切入点就是微课视频。学生获取知识的主要途径是教师制作的微课视频,而不是传统的教师课堂讲解。微课视频具有知识点和技能点的系统性,是教学的知识点和技能点按照一定逻辑关系和规律有机构成的系统课程。它不同于传统的教学视频,各个微课视频间不一定存在着密切的关联性,视频短小精悍,具有碎片化和相对独立的特性。但是,不容忽视的是,微课视频虽然短小,但其教学内容具有完整性,是一系列课程要素的集合。

微课是在云计算和移动互联环境下将多种教学要素组合为一体的教学系统。实际上,没有云计算和移动互联网同样也可以开展微课教学活动。微课视频本质上是一种视频,制作微课离不开录制、编辑和发布这些环节。微课制作看上去专业性很强,但实际上在当前技术条件下,普通的教师同样能够凭借"一己之力"来完成微课视频的制作。

本书是一本介绍使用 Camtasia Studio 进行微课视频制作的图书,书中详细介绍了微课的有关知识、微课视频制作的一般技巧、使用 Camtasia Studio 录像机进行视频和音频录制的方法以及使用 Camtasia Studio 编辑器对微课视频进行视频编辑处理的方法。

主要内容

全书共分为 11 章,各章内容如下。

第 1 章介绍翻转课堂和微课的有关理论知识,包括"翻转课堂"教学模式缘起和意义、微课的概念和构成,以及微课的类型和设计理念等。

第 2 章介绍微课视频的制作技术,包括微课视频中人物出现方式、微课视频的拍摄技巧、教师个人通过录屏软件录制微课的方法和微课视频的编辑技巧。

第 3 章介绍 PowerPoint 在录制微课中所起的作用,包括微课视频中 PowerPoint 的设计原则、录制微课中 PowerPoint 的使用技巧和直接使用 PowerPoint 制作微课视频的方法。

第 4 章介绍使用 Camtasia Studio 录制微课视频的方法，包括录屏前应该做的准备工作、如何进行录屏操作以及录屏过程中添加各类标记的方法。

第 5 章介绍使用 Camtasia Studio 编辑器对微课视频进行常规编辑操作的方法，包括打开和保存项目的方法、视频的常用编辑技巧和视频中声音的处理方法。

第 6 章介绍使用 Camtasia Studio 编辑器向微课视频中添加各种素材的方法，包括在微课视频中添加图形和文字、添加语音提示和添加字幕的方法。

第 7 章介绍使用 Camtasia Studio 编辑器为微课视频添加特效的方法，包括在微课视频中使用转场效果、使用缩放平移效果、添加光标效果和设置对象视觉属性的方法。

第 8 章介绍使用 Camtasia Studio 编辑器制作动画的方法，包括行为和动画的基本操作、文字动画、图形动画和图像动画的设计制作。

第 9 章介绍使用 Camtasia Studio 编辑器实现交互的方法，包括在微课中实现跳转和制作各类测试题的方法。

第 10 章介绍使用 Camtasia Studio 编辑器进行项目输出的知识，包括将画面输出为各种媒体文件的操作方法以及借助于 HTML 实现某些特殊效果。

第 11 章介绍一个完整微课案例的设计与制作过程，通过 3 个版本（简单基础型、虚拟场景型和卡通交互型）的微课案例，由简入难、循序渐进地讲解微课开发的方法和技巧。

本书特色

（1）目标明确。本书目标是帮助广大教师使用 Camtasia Studio 进行微课视频的制作，因此全书专注于 Camtasia Studio 这个软件的各种应用和技巧，重点突出软件在微课视频的设计和制作中所起的作用。

（2）有理有据。微课视频是一种专业性较强的行业视频，它的制作必须符合教学规律，需要教学理论的支撑。本书做到了将教学理论和制作技术相结合，既关注制作理念，又不放过技术依据。

（3）注重实用。微课视频的制作是一项操作性很强的工作，本书注重实用性操作的讲解，摒弃与基础教育相关性不大的操作。从教学的角度来认识 Camtasia Studio，从帮助教师发挥微课视频的作用的角度来介绍 Camtasia Studio，让软件真正成为帮助教师提高教学效率的工具，而不是炫耀技术的手段。

（4）配套资源丰富。为了让读者更轻松地掌握微课制作技术，作者针对一个完整微课案例的制作过程开发了配套视频教程，全程语音讲解，真实操作演示，让读者一学就会！另外，本书还提供教学大纲、教学课件、素材和源文件。

> **资源下载提示**
>
> **课件等资源**：扫描封底的"课件下载"二维码，在公众号"书圈"下载。
>
> **素材、源文件等资源**：扫描目录上方的二维码下载。
>
> **视频等资源**：扫描封底刮刮卡中的二维码，再扫描书中相应章节中的二维码，可以在线学习。

本书作者

参加本书编写的作者是多年从事教学工作的资深教师和从事微课开发的专业技术人员，具有丰富的教学经验和课件制作经验。作者的微课作品曾多次荣获国家级、省级奖励。其中，缪亮老师还多次担任全国NOC多媒体课件大赛裁判长。

本书主编为缪亮(编写第1～7章)、陈荣团(编写第8～11章)。另外，感谢开封文化艺术职业学院、南阳市油田实验小学对本书创作给予的支持和帮助。

对于微课和翻转课堂这种全新的教学模式，身处教育改革大潮中的教师应该积极地面对它，在教学实践中进行消化吸收并创新应用。希望这本书能够给大家带来一些新的教学理念，帮助大家掌握一种新的教学手段，获得一份探索和创新的快意。由于作者水平有限，书中难免出现不足之处，恳请广大读者批评指正。

作　者

2021年3月

素材+源文件

目录 CONTENTS

第1章 揭开面纱——初识微课	1
1.1 将课堂翻转过来	2
1.1.1 翻转课堂的两个经典案例	2
1.1.2 了解翻转课堂教学	3
1.2 初识微课程	5
1.2.1 什么是微课程	5
1.2.2 微课程的基本构成	5
1.2.3 微课程与翻转课堂的关系	6
1.3 认识微课	6
1.3.1 微课程是微课吗	6
1.3.2 微课有哪些类型	7
1.4 如何创作优秀的微课	9
1.4.1 微课的设计理念	9
1.4.2 微课的设计流程	11
1.4.3 好微课的特质	12

第2章 蓄势待发——微课制作技术基础	15
2.1 微课视频中的教师	16
2.1.1 微课中应该出现人物吗	16
2.1.2 语言是教师的重要表达手段	17
2.2 微课视频的拍摄	18
2.2.1 使用摄像机拍摄微课	18
2.2.2 使用手机拍摄微课	20
2.3 使用录屏的方式制作微课	22
2.3.1 录屏微课的常见模式	22
2.3.2 常用的录屏软件	23
2.3.3 制作录屏类微课时的注意事项	35
2.4 微课录制完成后的编辑	36
2.4.1 视频格式的转换	36
2.4.2 对视频进行简单的编辑	39
2.4.3 使用非线性编辑软件进行编辑	42

第 3 章 去繁就简——灵活使用 PPT 50

- 3.1 认识微课 PowerPoint 51
  - 3.1.1 认识微课中的 PPT 51
  - 3.1.2 微课 PPT 的页面设计 52
  - 3.1.3 PPT 课件画面的长宽比 54
  - 3.1.4 微课 PPT 的色彩搭配 55
- 3.2 PowerPoint 在微课中的应用 56
  - 3.2.1 录课时替代电子白板软件 57
  - 3.2.2 微课 PPT 播放的控制 59
  - 3.2.3 用 PowerPoint 录制微课 64
- 3.3 使用 PowerPoint 来制作微课 71
  - 3.3.1 直接用 PowerPoint 制作微课 71
  - 3.3.2 根据需要控制场景的切换 72
  - 3.3.3 录制语音讲解 75

第 4 章 小试牛刀——用 Camtasia Studio"录"视频 78

- 4.1 视频录制前的准备 79
  - 4.1.1 你想录哪儿就能录哪儿——设置录屏区域 79
  - 4.1.2 对录屏操作进行设置 82
  - 4.1.3 不能少了讲解——设置录音设备 92
- 4.2 视频录制很简单 94
  - 4.2.1 录制时应该注意的问题 94
  - 4.2.2 开始录制视频 95
  - 4.2.3 录制完成后的操作 97
- 4.3 在录屏时添加标记 99
  - 4.3.1 在视频中添加时间戳 99
  - 4.3.2 在视频中添加标题字幕 101
  - 4.3.3 在微课视频中勾画 103

第 5 章 随心所欲——用 Camtasia Studio"编"微课 105

- 5.1 认识 Camtasia Studio 的项目 106
  - 5.1.1 工作从新建和打开项目开始 106
  - 5.1.2 保存项目文件 107
- 5.2 视频编辑的常规三招 110
  - 5.2.1 更改视频的显示样式 110
  - 5.2.2 对轨道进行操作 115
  - 5.2.3 对视频片段进行处理 119

5.3　对音频进行处理　127
　5.3.1　将音频独立出来　127
　5.3.2　调节音量　128
　5.3.3　三种常用的音效　130
　5.3.4　微课中的降噪操作　132

第6章　画龙点睛——用 Camtasia Studio "添"注释　135

6.1　各种注释最常见　136
　6.1.1　在视频中添加含有文字的注释　136
　6.1.2　在视频中添加箭头和直线　147
　6.1.3　在视频中添加形状　149
　6.1.4　在视频中添加特殊注释　151
　6.1.5　在视频中添加草图运动注释　154
　6.1.6　在视频中添加按键注释　156
6.2　语音提示效果好　158
　6.2.1　录制语音旁白前的设置　158
　6.2.2　录制语音旁白　159
6.3　同步字幕不可少　161
　6.3.1　在视频中使用字幕　161
　6.3.2　快速创建同步字幕　165
　6.3.3　创建外挂字幕　168

第7章　锦上添花——用 Camtasia Studio "做"特效　172

7.1　微课视频中的特效1——转场效果　173
　7.1.1　在微课视频中添加转场效果　173
　7.1.2　对转场效果进行设置　174
7.2　微课视频中的特效2——缩放平移效果　176
　7.2.1　在微课视频中添加缩放效果　176
　7.2.2　在微课视频中添加平移效果　178
　7.2.3　快速恢复实际大小和适合画布　181
7.3　微课视频中的特效3——光标效果　182
　7.3.1　让鼠标光标更醒目　182
　7.3.2　让学生看见鼠标动作　185
7.4　微课视频中的特效4——对象视觉属性效果　187
　7.4.1　对象的视觉属性　188
　7.4.2　对象的视觉效果　191

第 8 章　如虎添翼——用 Camtasia Studio"创"动画	195
8.1　行为和动画	196
8.1.1　行为的基本操作	196
8.1.2　行为的属性设置	198
8.1.3　动画的基本操作	200
8.1.4　动画的属性设置	202
8.2　文字动画的设计	203
8.2.1　文字旋转飞入和飞出效果	204
8.2.2　注释文字的弹出效果	206
8.3　图形动画的设计	209
8.3.1　图形叠加动画效果	209
8.3.2　两种计时提示动画效果	212
8.3.3　图形伸缩和旋转效果	217
8.4　图像动画的设计	222
8.4.1　淡入放大动画效果	222
8.4.2　实验演示动画	225
8.4.3　卷轴动画效果	228

第 9 章　登峰造极——用 Camtasia Studio"检"效果	232
9.1　微课中的互动热点	233
9.1.1　使用热点对象自由跳转	233
9.1.2　使用热点区域实现菜单效果	234
9.2　用交互测验检验学习效果	237
9.2.1　制作单选题	237
9.2.2　制作判断题	240
9.2.3　制作填空题	241
9.2.4　制作简答题	244

第 10 章　大功告成——用 Camtasia Studio"发"视频	246
10.1　输出为 MP4 文件	247
10.1.1　让视频自带控制器	247
10.1.2　对视频和音频进行设置	252
10.1.3　生成 MP4 视频	255
10.2　巧用 HTML 网页文件	258
10.2.1　如何保留项目中的交互	258
10.2.2　生成测验报告	259
10.3　丰富的媒体文件类型	261
10.3.1　生成 WMV 文件	261

	10.3.2	生成 AVI 文件	263
	10.3.3	生成 M4A 文件	264
	10.3.4	生成 GIF 动画文件	265
10.4	项目输出时必须掌握的两项操作		266
	10.4.1	添加水印	266
	10.4.2	编辑预设输出方案	269

第 11 章　实战演练——微课案例设计与制作　274

- 11.1　微课案例简介　275
  - 11.1.1　简单基础型微课案例　275
  - 11.1.2　虚拟场景型微课案例　276
  - 11.1.3　卡通交互型微课案例　276
- 11.2　素材准备　276
  - 11.2.1　实景拍摄　277
  - 11.2.2　录制 PPT　279
  - 11.2.3　其他素材　279
- 11.3　视频编辑　280
  - 11.3.1　基本操作　280
  - 11.3.2　视频剪切　281
  - 11.3.3　音频处理　281
- 11.4　增加元素　281
  - 11.4.1　片头和片尾　281
  - 11.4.2　添加字幕　282
  - 11.4.3　输出视频　282
- 11.5　虚拟场景　282
  - 11.5.1　绿布抠图　282
  - 11.5.2　录制旁白　284
  - 11.5.3　特效文字　284
- 11.6　高级操作　284
  - 11.6.1　画面布局　285
  - 11.6.2　转场效果　285
  - 11.6.3　缩放动画　286
  - 11.6.4　片头模板　286
- 11.7　卡通交互　287
  - 11.7.1　准备卡通素材　287
  - 11.7.2　卡通人物对话　288
  - 11.7.3　卡通画面布局　288

第1章
揭开面纱——初识微课

要设计和制作出优秀的微课,首先要对其有一个准确的认识。只有对微课这一新兴的教学手段有一个深刻的理解,教师的教学理念才会随之改变,教师才能结合自身教学的实际情况系统地开发有利于自身教学的微课程,从闭门造车和机械模仿,转换为结合实际和有的放矢,取得预期的良好教学效果。

本章主要内容:
- 将课堂翻转过来
- 初识微课程
- 认识微课
- 如何创作优秀的微课

1.1 将课堂翻转过来

当前处于一个信息技术高度发展的时代,伴随着以网络技术为代表的信息技术的突飞猛进,教学技术和模式也在发生着巨大的变化。在互联网环境下,本着以学生为本的教学原则,整合应用数字技术的翻转课堂教学模式正在逐渐向我们走来,成为一种越来越受到重视的教学模式。

1.1.1 翻转课堂的两个经典案例

追本溯源,可以发现,翻转课堂这种教学模式有两个差不多同时出现的典范,这也许就是翻转课堂的起源吧。

1. 美国林地公园高中的翻转课堂尝试

2006年,美国林地公园高中的两位化学教师乔纳森·伯格曼和亚伦·萨姆斯(如图1.1所示)在教学中发现,学生往往不能把课堂上学到的知识灵活应用到作业和日常学习中。他们发现,学生真正对老师的需要,不是在教师课堂授课时,而是他们在家完成作业遇到困难时。学生并不需要教师在教室里讲课传递信息,因为他们完全可以自己学习课程内容。

基于以上发现,他们进行了大胆的尝试:他们提前录制教学内容视频,学生使用网络下载和闪存复制等方式在家观看教师录制的这些教学内容进行学习。在第二天的课堂上,乔纳森·伯格曼和亚伦·萨姆斯在教室里巡视,检查学生的学习情况,同时解答学生遇到的问题,监控学生的实验。通过小组协作和一对一指导,帮助那些学有困惑的学生。

在实施这种教学模式后,他们发现学生采用这种教学方式学习效果更好,成绩有了明显提高而且这种提高是持续性的。同时,学生和家长对这种教学方法也给出了积极的肯定。虽然他们并没有提出"翻转课堂"的术语,但他们的这种教学方式被媒体冠以"翻转课堂"报道后,很快便迅速传遍了美国乃至全球。

2. 萨尔曼·可汗的翻转课堂实验

2006年,萨尔曼·可汗只是一个对冲基金分析员,那时他在美国东部的波士顿工作。为了帮助远在美国南部新奥尔良的表亲学习数学,他开始使用录屏软件和写字板来录制视频,将视频上传到网络上供表亲们学习,如图1.2所示。

图1.1 翻转课堂起源于美国的两位化学教师的尝试

图1.2 工作中的萨尔曼·可汗

在上传了一段时间的视频后,他得到了两个收获,一个收获是他的表亲们十分喜欢这种"看视频"的学习模式,另一个收获是由于视频是上传到网络的,因此视频不仅帮助了他的表亲们,也帮助了世界各地的其他孩子们,他收到了来自世界各地的评论和邮件。

这些反馈给了萨尔曼·可汗极大的鼓励,于是他辞去了工作,创建了如今举世闻名的可汗学院。可汗学院是一个非营利网站,网站利用教学视频讲解各个学科中的教学内容,讲解网上观众提出的各种问题,并提供在线练习、自我评估和学习进度自动跟踪等工具,如图 1.3 所示。

图 1.3 可汗学院官网首页

2011 年,可汗学院受到了比尔·盖茨的关注,如图 1.4 所示,比尔·盖茨说:"可汗是将科技应用于教育的先锋,他开启了一场革命。"可汗学院获得比尔·梅琳达·盖茨基金会、谷歌公司和 O'Sullivan 基金会的数百万美元的资助,从而使可汗学院不仅在教学视频质量和支持工具上有了进一步的提升,更重要的是扩大了影响力。

萨尔曼·可汗旗帜鲜明地提出了"用视频再造教育"的理念,他提倡学生在家通过观看视频来进行自定进度的学习,到课堂上来完成作业。当做功课有困难时,教师及时地介入进行面对面的个性化辅导。为了帮助教师了解学生学习情况,可汗学院的管理平台采用大数据创新方法,从学习内容和完成作业时间等方面来对学生学习情况进行评估,帮助教师了解学生学习情况,以方便教师及时介入对学生进行一对一个性化辅导。同

图 1.4 萨尔曼·可汗与比尔·盖茨在 TED 大会上

时,可汗学院的系统还能够帮助学生分析自己哪个环节存在着薄弱问题,并以图表的形式反馈给学生。当学生在观看视频中产生困惑时,学生可以随时发邮件提出问题,可汗学院会针对学生的疑问给出解答。

如今,可汗学院可谓名声远扬,其在不到几年的时间内便发展成为一个功能齐全、学科门类丰富、学生可以自我学习和自我评估的互动式教学系统。在美国,许多教师借助于可汗学院,利用"视频再造教育"这种理念来进行教学并取得了意想不到的效果。可以这样说,萨尔曼·可汗凭借简单的教具和普通软件,颠覆了美国乃至全球的在线教育,发起了一场教育模式的革命。

1.1.2 了解翻转课堂教学

翻转课堂也称为颠倒课堂,它是相对于传统的常规课堂教学模式而言的,是一种将传统课堂上的教学内容与课下的学习活动内容进行倒置的新的教学模式。要深入认识翻转课堂,需

要了解下面的3个问题。

1. 翻转课堂翻转了什么

在看过前面两个经典教学实例后,会发现这两个案例有惊人的相似之处,那就是它们都把传统的教学结构颠倒了。传统的教学结构是在课堂学习知识,在课外内化知识,如图1.5所示。而在翻转课堂教学模式下,这种教学结构被颠倒了,也就是学习知识在课外,内化知识在课堂,如图1.6所示。在这种教学模式下,知识内化的方式是作业、实验和协作探究等,教师的作用是学生"知识内化"过程中的伙伴和助手。

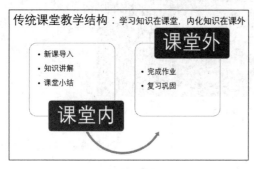
图1.5 传统课堂教学结构

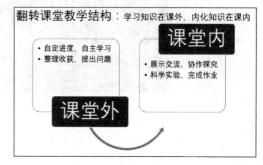
图1.6 翻转课堂教学结构

从上面的分析可以看出,所谓的翻转课堂翻转的是教学结构,教学流程其实并没有发生改变,依然遵循从学习知识到内化知识这一传统流程。

2. 翻转课堂意义何在

翻转课堂之所以得以风靡全球,是与其人性化的学习理念分不开的。人性化的学习理念包含两个方面的内容,一是让学生按照自己的步骤进行学习,二是教师给予学生一对一的个性化指导,这两个方面相结合就能很好地提升学习效果。

实施翻转课堂教学,具有传统课堂教学所不具备的作用和意义。

对于学生来说,课前自学和课堂研讨的形式能够促使学生主动地观察、思考和探究,改变传统课堂模式下学生被动学习的状态。通过课前的自学,可以培养学生自主学习的能力,使学生从传统教学模式的"要我学"变成"我要学",使学生的学习态度得到转变。

对于教师而言,大胆尝试翻转课堂这种新的教学模式也有现实意义。这种教学方式是真正地将以学生为中心的教学方法落到了实处。多年来,教育界一直强调开展以学习者为中心的教育教学活动。限于教学条件,真正实现却并不容易。而翻转课堂教学模式则实实在在地以将学生为中心,教师起引导作用这一原则落实到位。另外,翻转课堂教学模式让课堂管理更加轻松,能够充分调动学生的学习积极性,将教师从重复的备课讲课活动中解放出来,提前了解学生,有针对性地进行教学活动。

3. 翻转课堂是什么不是什么

翻转课堂这种教学模式对于提升学生的学习效果是有其理论依据的,这个理论依据就是人性化的学习理论。归纳起来,翻转课堂是一种有效的教学手段,可以增进师生之间的互动和个性化接触。翻转课堂是一种混合了直接讲授和建构主义的学习模式,是学生自我调整知识差距的学习方法,是让所有学生能够得到个性化教育的一种教学模式,它成功地创造了一个让学生对自己学习负责的学习环境,是个能够让所有学生都积极主动学习的课堂。

对于翻转课堂,我们要避免认识上的误区,首先翻转课堂不是在线课堂,不是学生自由无序地学习,更不是学生孤立地学习。实现翻转课堂教学的重要手段是观看视频,但翻转课堂不是在课堂观看视频,不是在线课程,更不是用这些视频取代教师的授课。翻转课堂不是在线视频的代名词,其还有面对面的课堂互动以及学生与教师一起发生的各种有意义的学习活动。

1.2 初识微课程

翻转课堂是一种将传统课堂上的教学和课下学习进修倒置的教学模式。微课程指的是由一系列相互关联的微课和教学资源构成的一门系统而完整的课程。当我们将微课程和翻转课堂结合起来实施教学活动时,将会产生良好的教学效果。

1.2.1 什么是微课程

微课程是基于云计算和移动互联技术的一种教学系统,其在一定的课时内将教学活动的目标、任务、方法、资源、评价和反思等要素优化组合成了一体。微课程具有以下3个特点。

- 微课程是课程。微课程首先具有课程属性,这是其最本质的属性。微课程涵盖了课程设计、课程开发、课程实施和课程评价这4个领域,是实现这4大领域最优组合的教学系统。微课程的实践是以课程论的理论和方法来指导实践的,采用以问题为中心和以学习者为中心的设计思想,以任务驱动和问题导向作为基本方法,设计指导学生开展自主学习活动。
- 微课程离不开技术。微课程具有技术属性,它是信息时代的产物。微课程的内容依靠信息技术而存在,其实施和评价活动离不开信息技术创造的条件。
- 微课程具有资源。微课程的实施离不开相关的学习资源,学习资源是帮助学生完成自主学习任务的根本。微课程作为资源,与一般意义上纯粹的资源不同,它本质上是学习内容与翻转课堂学习模式整合为一体的新型资源。

1.2.2 微课程的基本构成

归纳起来,微课程一般由三大要素构成,它们是自主学习任务、配套教学资源和课堂教学方式,如图1.7所示。

这里,自主学习任务是教师指导学生开展自主学习活动的方案,任务设计的质量是能否帮助学生完成高质量自主学习的关键,决定了配套资源和其后的课堂教学方法。教师在设计自主学习任务时,应该为学生提供自主学习的支架,任务具有可操作性,使学生能够掌握知识和技能,突破学习中的难点。

图1.7 微课程的三大要素

配套学习资源是教师提供的用于帮助学生完成自主学习任务的媒体资源,当学生在自主学习中遇到困难时,可以通过这些资源来解除困惑,最终达到精熟学习的目的。因此,这种配套资源更重要的表现应该是一种自主学习的方式,其标志着教师从传统的授课者向学生自主学习的帮助者的转型。

课堂教学方式是教学目标是否达成的关键,这里的教师和学生处于同一个学习空间,教师通过对课堂教学方式的重新设计来实现知识的内化和拓展。在这个环节中,教师的重心在于"导",成为学生学习的指导者。

1.2.3 微课程与翻转课堂的关系

微课程与翻转课堂结合起来进行的教学活动，其获得的教学效果显著高于微课程与其他教学方式的结合，更优于非微课程与翻转课堂教育模式结合所产生的教学效果。翻转课堂的典型的做法，是依托微课视频来进行教学流程的翻转。

微课程与翻转课堂可谓互相依存、互相促进。高质量的微课程能够使学习者对学习产生浓厚的兴趣，在短时间内快速掌握知识点。在翻转教学过程中，通过互动、答疑和完成作业等活动能够很好地将知识内化为技能。技能提高了，又能够促使学生通过微课程主动学习更多的知识。

翻转课堂是以学习者的研讨互动和完成解疑、实践操作以及课题研究等教学活动为主要目的，是将学生的知识内化为技能的一个动态过程，这个过程是难以以有形之物来承载的。微课程是以传授知识为目的的，其传授的知识点是可以直接或间接内化为技能的。微课程的实现恰恰是通过网站或U盘等有形之物来进行承载的。可见，微课程与翻转课堂实际上是相互依存和相互促进的关系。

1.3 认识微课

严格意义上说，微课程与微课是两个不同的概念，虽然现在很多人都认为微课程实际上是微课。微课是实现微课程教学的一个不可或缺的元素，其在翻转课堂教学过程中有着重要作用。

1.3.1 微课程是微课吗

当前很多人认为微课实际上就是微课程，产生这种想法是很正常的，因为它们之间确实存在着千丝万缕的联系，在形式上也有很多的相似之处。

严格地说，从字面上来看，微课应该指的是微小的、微型的课，这个概念诞生于计算机辅助教学盛行、网络技术飞速发展的年代。随着翻转课堂教学模式进入中国，人们把萨尔曼·可汗式的微型教学视频和"微课"联系起来，从而使微课的概念逐渐演变成了视频格式的微型教学资源。

通常，微课指的是以网络视频形式出现的帮助学生完成自主学习任务的配套学习资源；微课程指的是在云计算和移动互联环境下将各种教学要素优化组合在一起的教学系统。这个教学系统离不开配套教学资源，微课就是这种教学资源的一种重要的表现形式，其以微视频的形式出现，用于帮助学生完成学习任务。

可见，微课实际上是微课程构成要素中的一个重要的、不可或缺的组成部分，微课程之中包含微课，它们密不可分，但却不是一回事。在本书中，将把微课从微课程中剥离出来，专注于微课的制作和应用技巧。

1. 微课不是传统的教学视频

从上面的分析，我们应该认识到，微课是帮助学生进行自主学习的一种资源，但其并不是微课程的全部配套资源，其仅仅是一种微型教学视频形式的学习资源。作为一种微型教学视频，教师不应该将它当作传统的课堂教学实录片段，当然它更不是纷繁复杂的资源包，使用微课的作用和目的是帮助学生完成学习任务。

从微课的开发角度来说,微课不是传统意义上辅助教师讲课的资源,而是用于学生自主学习的资源。因此,它不会是厂商或机构开发好的供教师和学生使用的那种传统视频材料,它是根据学生的学习目标,按照学习需求来开发的。因此微课相较于传统的视频资源,其更能够排除疑难,提高学生的学习效果。

2. 微课应用于教学的两点优势

微课这种教学资源在教学中有其独到的优势。从教师的角度来说,微课视频虽然让教师失去了与学生面对面传授知识的机会,但是却换来了在屏幕前模拟一对一帮助学生的情境,教师的讲课更具有人性化,授课思路更加清晰,语言更加精练,有效地提高教师的专业水平,让教师真正实现从讲授者向学生学习的帮助者的转型。

对于学生来说,微课可以让每一个学生都将"教师"带回家,使教师成为他们学习的帮助者。无论学生要求"教师"讲多少遍,"教师"都不会厌烦。作为一种视频教学资源,微课适合于学生根据需要暂停,在没有理解教学材料时进行重复,以便理清思路,一步步构建新的认知结构。可见,微课在帮助学生完成学习任务这个方面有其得天独厚的优势。

1.3.2 微课有哪些类型

微课这种视频资源的分类方式很多,教师在具体的教学实践中采用什么类型的微课,取决于对优化和实现教学目标的理解。根据微课的内容特点,常见的微课可以分为下面几种类型。

1. 课程讲解类微课

课程讲解类微课是对学科知识进行讲授的一种微课视频,其主要是将相关知识以精炼的语音来进行讲授。微课要求语言准确精练,思维严谨,不能出现语音上的瑕疵和技术上的不流畅,如图1.8所示。这种类型的微课还可以包括习题的讲解,其关键是讲清题意、解题思路和具体的方法,同时要讲清解题的过程并且给出思考以及类似的习题。

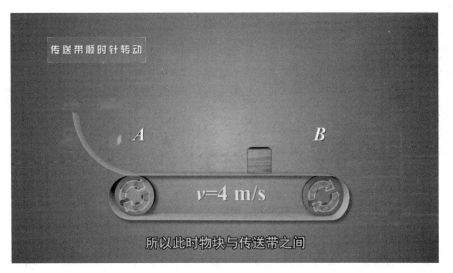

图1.8 课程精讲类微课

2. 实验探究类微课

实验探究类微课一般是以视频的形式展示各种实验操作,视频中除了教师讲解之外,有时还需要辅之以观察记录表格和实验报告等,如图1.9所示。

3. 操作示范类微课

操作示范类微课与实验探究类微课有些类似,如图1.10所示,微课视频也是以录像为主,展示教师的操作示范和操作过程。这类微课常用于一些技能型科目,如手工、书法、制作和计算机软件操作等。这类微课可以辅之以动画等形式来进行展示,一般不需要提出探究的主题。

4. 虚拟面批类微课

虚拟面批类微课是教师将学生在测试或练习中常见的和典型的错误进行收集整理,以视频的形式模拟日常作业面批面改。这类微课重在分析问题,帮助学生发现问题并解决问题。此类微课在录制时,教师可以使用学生作业或试卷的原稿,边讲解边进行圈点。教师讲解时引导学生发现问题,寻找方法。

图1.9　实验探究类微课

图1.10　操作示范类微课

微视频是微课中的核心内容,微课也可以按照微视频的录制方式来进行分类。

- 录屏类微课:这类微课是通过录屏软件(例如 Camtasia Studio)来录制教师使用 PowerPoint、Word、图形绘制软件或手写输入软件等方式呈现在计算机屏幕上的演示内容和讲解过程,同时录制讲解语言和旁白等。
- 软件合成微课:通过微课脚本设计,运用软件(例如 Flash、PowerPoint 和 Premiere 等)将图像、动画、声音和视频等媒体素材合成为视频后输出为微课视频。

- 混合式微课：在微课制作中，使用上面介绍的多种方式来制作、编辑和合成微课，以最终教学目标来确定微课视频的方式。

另外，微课也可以根据面向的对象和功能来进行分类，这类微课一般分为下面几类。

- 用于职业发展的微课：这类微课针对各类职场人士，帮助职场人士提高专业水平，解决工作中遇到的问题和困惑并提高职场技能。
- 面向社会大众的学习型微课：此类微课的内容不再仅局限于某个学科或课堂基础知识的教学。其涵盖了社会、经济、生活、文化和科技等各个领域。通过各种方式面向社会开放资源，实现教育帮扶并构建了公共服务体系，使教育资源能够根本地服务于社会。
- 用于学生自主学习的微课：这类微课面向在校学生，帮助学生进行自主性学习。这类微课是当前微课的主流，也是微课的最基本功能。

1.4 如何创作优秀的微课

微课程的核心是微课视频，微课视频不是课堂教学实录的视频切片，也不是网络上那些以小时计的传统精品课程实录，更不是辅助教师讲课的多媒体课件。微课有其自身固有的特点和要求，下面将对微课制作的设计原则进行介绍。

1.4.1 微课的设计理念

在企业的产品生产过程中，一种产品质量控制的理念是：产品的质量是设计出来的，不是制造出来的，产品设计是质量的源泉，是质量制造质量的保障。在微课的创作过程中，同样应该秉承上述理念，也就是"策划设计是微课作品质量的源泉。"

1. 微课选题的原则

微课视频实际上是围绕课程中的一个知识点或技能展开教学的，课程中的知识点很多，微课应该包含其中的重点、难点、热点和创新点。在设计微课时，应该遵守以下4个原则来对知识点进行选择。

- 知识性原则。微课中应该包含知识点和技能点，将整个课程的要点分解为3～7个学习焦点，以便于学生学习掌握。
- 重要性原则。在课程中，重点并不一定难学，学习者可以一看就会，这样的内容就无须制作成微课。教师应该根据课程系统策划的要求来选择重要知识点，使微课成为课程重点的枢纽。
- 实用性原则。知识点应该具有实用价值，能够提供实用经验，帮助学生解决实际问题，将知识转化为实用技能。
- 时间性原则。微课中的知识点应该符合微课的特点，也就是能够在5～15min内完成讲解、演示或操作，使学生在短时间内能够掌握知识。

从选题的角度来说，优秀的微课视频具有下面3个特征。

- 容易被接受并能引起兴趣。好的微课首先能够吸引学生，能够激发学生的学习兴趣和求知欲。
- 能充分展示教师的魅力。学生对于微课学习的兴趣无非来源于两个方面，一个是课程内容具有实用性，另一个就是教师的授课水平。在微课选题时就应该充分考虑到教师教学实力的充分发挥,这有利于体现教师的综合实力和教学水平,自然也就能够提高微课的教学效果。

- 要能够充分发挥多媒体技术的应用优势。多媒体包括文字、图像、声音、动画和视频等多种媒体表现形式,每一种媒体表现形式对内容呈现的作用是不同的。微课是依托信息技术的发展而产生的,在策划微课时应该选择适宜的媒体技术进行展示。只有这样才能使微课达到需要的学习效果,提高教学质量。

2. 微课设计的三大要点

微课的设计离不开教学目标、教学主线和教学内容。教学目标是教学活动实施的方向和学生通过教学活动应该获得的预期结果,是微课的灵魂。教学目标包含学生的学习目标和教师的教学目标,它是一切教学活动的出发点和归宿。设计微课时,应以学生的学习目标来主导内容的设定和活动的组织。

在设计微课时,教学主线是关键。教学主线是教师为了完成微课的教学目标而设计的,贯穿于整个微课教学过程中的一条教与学的主线。在微课中,一个知识点通常由 3～7 个教学焦点进行支撑,各个教学支点之间具有递进、并列、因果和拓展等逻辑关系,通过这些逻辑关系将知识与技能、过程、方法、情感、价值观以及学生的认知心理融为一体。因此,在微课视频的设计过程中,应该事先设计好微课教学主线,微课始终围绕这个主线展开,促使学生形成一种有序的认知方式,使其感觉学习过程的自然连贯,从而避免教学过程的呈现混乱和教学内容的离散无序。

在设计微课时,教学内容是微课的核心。在确定了微课教学主线后,可以围绕主线上的教学焦点来设计教学内容,教学内容根据教学主线来进行构建和完善。微课中的教学内容应该具体,可以包括原理讲解、公式推导、方法讲述和技能操作等多方面内容。对于作为重点的教学内容,可以使用辅助案例来进行强化,但微课中的案例不宜过多,保留一部分给学生课后训练效果会更好。

3. 微课内容呈现的原则

微课作为一类特殊的视频,内容呈现有其自身的特点和要求,总的来说,需要遵循下面的 4 大原则。

- 语言优先原则。在只允许对内容阅读一遍或听一遍的情况下,听的效果会比阅读好。因此,微课视频中,在时间有限、同时学生接触到的是相对较复杂和陌生的影像时,教师的语言讲授会比单纯的画面呈现效果更佳,此时听觉记忆会优于视觉记忆。因此,微课视频不能忽略教师的讲解,应该让学生的视觉记忆和听觉记忆相互作用,形成叠加效应,获得良好的学习效果。

- 一致性原则。很多人在制作微课视频时喜欢添加音乐、动画和图像等所谓的提兴趣内容,这些内容如果与核心内容关系不大,反而会降低微课视频的效果。在学习核心内容时,应该始终保持微课视频画面提供的文字、动画和图像等内容与微课的学习内容的一致性,使媒体呈现起到相互补充和相互促进的作用,以提高学生的视觉记忆、听觉记忆和理解力,避免由于不一致而造成对学习核心内容的干扰。

- 个性化原则。微课中内容的呈现应该针对不同的学生进行设计,符合观看者的心理和认知特点。例如,使用交谈式的方式来呈现教学内容,让学生感受到教师是在单独给自己讲课,解决自己学习中的问题。

- 邻近原则。在微课中,画面中的图像的出现与相关内容的讲解或字幕的出现应该同步,这就是所谓的时间邻近原则。讲解或字幕的出现相对于画面滞后或提前,都会影响到学习效果。同样地,画面呈现还需要空间邻近的原则,如注释文字和对应的画面应该邻近呈现,效果将比分离呈现要好,如图 1.11 所示。

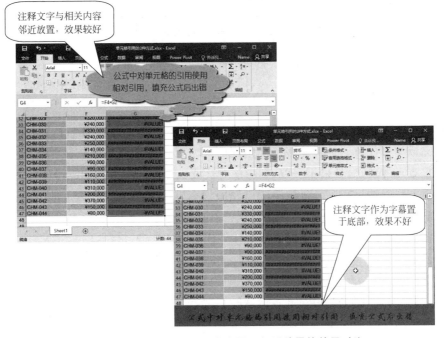

图 1.11　注释文字与呈现内容是否邻近放置的效果对比

4. 微课教学焦点的提炼

在设计微课时,教学焦点必须精心提炼。首先,每一个单独的微课视频应该只讲授一个知识点,这个知识点需要有相关的内容做支撑,根据支撑内容的属性、内在关系和类别的不同进行分组分解。对分解后的知识点进行分析,去除不重要的和关联不大的知识点,选取核心和重要的知识点作为微课视频的教学焦点,这个过程即是提炼教学焦点。

在微课中,不同类型的教学焦点的呈现方式也是不相同的。例如,在呈现讲授语音内容时,焦点内容应该使用文字提示或呈现与之相关的图片。此时不宜长时间呈现教师的画面。再如,在呈现操作方法的时候,应该用特写镜头来呈现每一个操作动作,无须呈现操作者的全身,如图 1.12 所示。

图 1.12　特写镜头呈现操作动作

1.4.2　微课的设计流程

微课程的开发一般有两种方式,一种方式是对已有的微课进行加工改造,这种方式可以最大限度地发挥各类已有教学资源的价值,在短时间内形成规模并提高微课开发效率;另一种方式是设计开发全新的微课视频。

微课的设计开发是一个完整的过程,既包括微课的设计和开发,也包括微课程的应用过程,是它们的有机结合。微课的设计开发流程如图1.13所示。

1. 分析任务

微课是教师录制的微型教学视频,其作用是帮助学生完成自主学习任务。微课的设计制作需要与其使命保持一致,这样才能成为有效自主学习的支架,帮助学生顺利完成学习任务。分析任务阶段需要进行3个方面的分析。

图1.13 微课设计开发流程

- 分析任务。首先需要分析微课能够达成的目标与预期的教学目标是否一致,也就是学生完成学习任务后是否能够实现预期的教学目标。达成目标应该体现教学目标和教学重难点的要求,如果不一致,则应该对达成目标进行调整,使其与教学目标一致。
- 分析方法。这里需要分析微课应该使用什么方法才能最有效地帮助学生高效完成自主学习任务。
- 分析录制方法。这里需要确定使用什么样的方法来进行微课的录制,这个过程决定了将使用的技术手段和微课类型。

2. 录制微课

教师按照对微课任务的分析,确定微课的类型,选择适当的方式完成微课的录制。微课录制一般包括录前准备、微课录制和录后修改这3个过程,是教学理念和技术的融合。

3. 检查质量

微课录制完成后,应该对其进行质量检查,这样有利于及时发现微课中存在的问题,保证学生看到的视频没有知识上的错误,没有技术上的瑕疵。

具体地说,微课质量的检查需要查看下面这些问题。

- 视频是否能切实支持学生完成自主学习任务。
- 可视化呈现的内容与语音讲解是否同步。
- 可视化呈现的内容是否能够将学生的视线留在屏幕上。
- 讲解过程中是否存在错误,如语言错误和知识性错误等。
- 讲解语言是否简洁明了,如是否存在过多的、重复的、影响效果的口头禅。
- 讲解过程中的内容转换是否流畅,如是否存在超过2秒的停顿。
- 微课视频中是否存在与讲解内容无关的画面信息。
- 微课视频中是否存在技术方面的问题,从而导致视频不流畅和画面干扰,影响到学生的可视化学习。

4. 修改上传

在完成微课的质量检查后,对于出现的问题应该及时进行修改。完成修改后,需要对微课进行再次检查,确认无误后将视频上传到相应的平台。

1.4.3 好微课的特质

微课就其功能而言,是为学生完成自主学习任务提供帮助的,其制作依据是学生学习的规律。对微课好坏的评价不是按照传统的课件评价方式来进行,而是从技术与课程的深度融合来进行考量。

微课的制作实际上包括信息化教学、可视化教学、认知心理学和视音频技术等多方面的内容。如果微课仅具有教学视频的"形",没有可视化教学的"神",它是无法获得良好的效果的,好的微课实际上是逻辑、技术、趣味、科学、美学和心理学的协调统一。

1. 好微课必须具有逻辑性

微课的逻辑性,指的是微课呈现出来的教师的讲课思路以及技术呈现的思路要清晰,逻辑清晰是所有好微课的共同特征。在微课中,讲课的思路决定了技术呈现思路,清晰的讲课思路直接导致技术呈现思路清晰明了。

清晰且严谨的逻辑性决定了学生能否进行深入的学习,也是教学活动能不能受到学生欢迎所必需的品质。微课是提供给学生进行自主学习的教学资源,在可视化学习的条件下,思维逻辑与技术呈现的思路必须统一。如果思路不清,可视化手段和讲课内容就会互相干扰,这样是不利于学生有效地进行自主学习的。

2. 好微课必须具有合理性

微课的合理性,指的是微课中是否能够合理地应用教学和技术手段来突破教学难点。这是教师基本功的体现,教师要能够合理安排微课的逻辑进展,设计的任务能够很好地突破教学重点,化解教学中的难点,兼顾到一般的知识。否则,微课的各个环节之间就会缺乏进阶连续,无法渗透学科方法,学生的自主学习就会遇到困难。

3. 好微课应该具有趣味性

微课的趣味性,指的是微课吸引学生学习的特性。微课教学是与翻转课堂教学方式配合使用的,学生学习知识的空间不再是课堂,因此学生对于学习的管理完全依靠学生的自觉性。学生可以很投入地从事自主学习,也可能会敷衍。因此,教师在设计微课的时候,还需要考虑微课的趣味性,使其能够激发学生的学习欲望,让学生能够产生学习的兴趣从而吸引学生主动投入到学习中。

4. 好微课具有科学性

微课作为翻转课堂教学的一种必备的学习资源,渗透了教师对学科内容的理解,包含着对学科知识的传授,因此微课必须保证科学性,否则将会造成学生学习的困难,对学生产生严重的误导,将学生引上错误的认知道路。

5. 好微课的视觉传达具有有效性

微课是一种可视化的教学资源,必须重视视觉传达在促进学生学习中的作用。在可视化学习中,学生通过视觉与听觉的协同刺激来感知微课内容,形成对知识的记忆、理解、思考、认可和疑问。

心理学研究表明,在视觉、听觉、嗅觉、味觉和触觉这5种主要感觉信息的方式中,视觉和听觉获取信息量最大,协同作用后吸收信息的比率达到94%。因此视觉传达的有效性首先应该体现在视听同步上,只有视听协同才能有效地提高学习的效果。好的微课,无一不是很好地处理视听一致性的问题,使视听协同作用,互相促进,让学生学得轻松自在,达到事半功倍的学习效果。如果视听不一致,视觉和听觉信息互相干扰,此时即使学生主观上再努力,也无法获得好的学习效果,学生无法建立正确的认知。

视觉传达的有效性还应该注意动态呈现的问题,好的微课中画面信息与学生的交流是通过动态呈现的方式来完成的。人眼在观察物体时,是将一个目标对象从其所处的背景或其他对象中区分出来,人眼本能地会受到运动物体的吸引,运动的对象显然比静止的对象更容易让人眼发现,引起人们的注意。因此好的视觉传达将善用动态呈现,例如合理地使用动画而不是使用静态的图片,模拟电影的拍摄方式,镜头焦距前后推拉运动或左右摇动,利用镜头的切换让镜头中的对象动起来。只有让微课动态呈现,微课才能具有生命力,实现有效的知识传达。

6. 好微课能够实现高效学习

制作微课的目的是帮助学生完成自主任务,这是使用微课的宗旨,是衡量微课优劣的重要指标。好的微课必须使学生实现高效学习的可能性最大化,让学生的学习事半功倍,否则它将只是一段视频,而不是微课。

第2章
蓄势待发——微课制作技术基础

对于大多数教师来说，用摄像机和手机来拍摄视频或使用录屏软件来录制视频并不是一件十分困难的事情，但微课的录制不同于一般的满足生活需求的视频，教师除了需要熟悉微课的内容和脚本设计之外，更需要掌握相关的拍摄技巧。本章将对微课视频录制和后期制作的有关知识进行介绍，以帮助广大教师快速了解微课这种特殊视频的录制技巧。

本章主要内容：
- 微课视频中的教师
- 微课视频的拍摄
- 使用录屏的方式制作微课
- 微课录制完成后的编辑

2.1 微课视频中的教师

微课的内容是通过视频的形式呈现给学生的,视频中所有画面、讲解、文字和图像等元素都是为了让学生快速有效地达到在校学习效果而存在的,一切对学生的学习可能产生负面影响的元素都不应该出现在视频中。那么,在制作微课视频时,人物是否该出镜,出镜教师的举止和语言运用,则是关系到微课质量好坏的一个重要因素。

2.1.1 微课中应该出现人物吗

在微课中,是否出现人物这是微课制作时必须考虑的问题。根据微课的特征以及微课教学的实际情况,在微课视频中出现人物必须要有利于教学目标的达成。这里,微课中的人物可以包括授课教师、参与互动和操作的学生以及协助教学的其他人员。

1. 教师出镜的原则

一般情况下,微课视频中出现的人物如果满足以下 3 个原则,则人物的出现就是合理且有益的。

- 通过人物的出镜能够促使学生加深对所学知识的了解,提高学习效率。
- 通过人物的出镜能够让一些复杂的教学内容完整而有效地呈现出来。
- 通过人物的出镜,借助于人物的肢体语言,能够表述教学内容,同时向学生传递友好而亲切的情感。

在微课中出现最多的人物显然是授课教师,在制作微课视频时,并不是每个视频都需要授课教师出镜。在制作微课视频时,教师应该注意下面几点。

- 教师出镜首先必须符合上面介绍的人物出镜的 3 大原则,否则最好不要在视频中出现。
- 对于录屏类视频,一般不需要教师出镜。如果需要的话,可以适当地安排在微课开始、中间或结尾让教师出现 3~5 次,每次时间只需要 8~12 秒即可。此时教师的言行应该符合知识传授的需要,不能为了出镜而出镜。
- 教师如果使用画中画形式出镜,最好呈现教师的头部。如果教师的面部表情不含有身体语言或情感传递的话,就不要采用这种方式。

2. 学生出镜的原则

在很多实录微课视频中都出现了学生认真听课的镜头,实际上这些镜头并不能帮助微课的学习者提高理解和记忆水平,也无助于教学效果的提升。因此这种情况下的学生出镜是不必要的,应该去除。对于学生的出镜,应该符合上面介绍的人物出镜的 3 个原则,如果需要在视频中出现学生的形象,应该按照下面介绍的 3 个要点来进行设计。

- 微课视频中的学生应该承担助教的作用。在设计微课时,可以让学生作为授课教师的助教,与教师一起承担实现教学目标的任务。
- 微课视频中的学生应该表现为学习者。视频中的学生在微课视频中以学习者的思维方式与教师互动,进行操作演练、提出问题或回答问题等。通过他们的表现,让观看微课视频的学生感受到学生的一言一行就是自己想说和想做的,产生共鸣,融入视频的学习场景中。
- 微课视频中的学生应该满足视频观看者的心理需求。微课视频中学生的出现应该合理,以学生的语气语调与教师沟通,言行充分体现出学生的特点,从而满足观看者学习的心理需求。

在微课中,为了达到良好的教学效果,对出镜学生安排应该注意以下几点。

- 当视频中需要展示的是课堂上的学生时,学生一般会很多,此时应该注意让学生集中靠近讲台的前几排,不要出现空位。学生应该保持良好的精神状态和课堂纪律。录课教室要安静,学生回答问题要使用标准普通话,声音洪亮且清晰。
- 学生在视频中出现需要符合学生的角色定位,以达到其出现的目的,不能实现人物出镜目的的应该坚决取消。
- 在微课中,问答、讨论、合作学习和实践操作等内容需要学生出镜,没有这些需要的微课尽量不要安排学生出现。
- 微课中学生的言行不能出现知识性的错误。有时,教师会有意识地安排学生在回答问题或操作中出错,以促进微课学习者去思考,以引出知识点。那么,这些错误必须符合学生的学习心态、能力和习惯表现,不能弄巧成拙,反而让观看视频的学习者产生虚假感,对由错误引出的知识点产生怀疑。

2.1.2 语言是教师的重要表达手段

在微课中,教师与学习者的交流是一种单向交流,这种交流的重要手段就是语言。在设计教师交流语言时,应该针对不同的微课学习者进行不同的设计。

1. 微课视频中教师的语言技巧

在微课视频中,教师首先应该使用标准的普通话来进行讲解,这是最基本的要求。在微课视频中,教师在语言的运用上应该注意以下技巧。

- 不要盛气凌人。微课中教师在讲解时,讲究诚恳友善,语气要轻柔和悦,对学生要语言自然,充分尊重。
- 符合学生年龄特点。教师在微课中讲解时,要考虑学生的感受和喜好,使用让学生接受的语气以达到最好的交流效果。针对微课的教学对象,分析该年龄段学生的特点,使用他们喜欢的语言来进行授课。例如,针对小学生的微课,使用儿童语言,会让学生感到亲切且容易接受,而这种语言风格显然不适合高中的学生。
- 多用欣赏性的语言。教师在微课中应该多用欣赏和赞美的语气来表情达意,这样可以拉近教师和学生的距离,促进学生更加积极认真地参与到自主学习中。
- 要善于表扬。微课视频虽然是教师与学生的单向交流,但与普通课堂教学类似,仍然需要灵活应用表扬。教师在表达批判和否定等意思的时候,使用表扬中夹带批评和否定的语言,更有利于保护学生的自尊心,让学生的学习兴趣长久,促使学生理解教师的真正意图。
- 幽默很重要。幽默能够营造出让人轻松愉悦的氛围,有利于引起学生的注意,提高学生自主学习的兴趣。但微课视频中的幽默要适可而止,不能过分,要与授课内容协调一致。例如,在讲解严肃的课程时,幽默会适得其反,让学生抓不住主题。
- 使用微笑的语言。对于教师出镜的微课视频,教师发自内心的微笑是无声的语言,能够很好地调动学生的情绪,调节学习的气氛,给学生以友好和善的感觉,更利于学生接受教师的观点。

2. 教师要有自己的语言风格

不同类型的微课,教师在讲解时应该使用适宜的语言风格。虽然教师的语言风格与教师的个性有关,但在微课中教师需要考虑授课内容,做到语言风格与授课内容的和谐统一。授课时教师的语言风格,常见的有以下几种类型。

- 朴实无华型。教师音色质朴自然,语气亲切委婉而不加修饰,创造的语境纯洁真诚而厚重,就像与学生拉家常一般。
- 绚丽多彩型。语言采用富于色彩的词语和多变的句式,语言表达抑扬顿挫,具有节奏感和音乐美。同时,讲解时喜欢旁征博引,纵横古今,引经据典,大量使用各种鲜活有趣的材料,对学生极具吸引力。
- 风趣幽默型。教师讲解时音调变化大,富有戏剧性,语言生动形象风趣幽默,逗人发笑而又发人深省。讲解气氛活跃,能够极大地调动学生学习的积极性,提高学生的学习兴趣。
- 作风严谨型。教师在讲解时语言经过加工,知识讲解环环相扣,逻辑性强且思维缜密。同时利用口头语对重点内容进行强调,用重音和重复等手法强调知识要点,态势语言使用较少。
- 慷慨激昂型。教师讲解时语言音调高亢激昂,精神饱满,语言节奏紧张急速,给学生一种精神饱满、积极向上的振奋感。

3. 微课视频中教师要控制语速

在微课视频中,教师要注意讲解的语速,语速最好是接近心跳的频率,这样更利于学生感受知识的内涵。如果教师讲解语速过快,学生会出现跟不上教师讲解的情况,从而无法顺利接受语言信息,达不到理想的学习效果。如果教师语速过慢,则学生会觉得厌烦,甚至产生绵绵睡意,挫伤学生听讲的积极性。

因此,在微课中,教师讲课的语速要合理控制,一般控制在 120～140 字/分钟的速度。同时,教师还应该考虑授课内容的情况,讲解过程中适当调整语速,不要一直按照一个固定的语速讲解。这样容易导致授课过程给学生一种照本宣科、平铺直叙的感觉,学生会产生听觉疲倦,降低学习效率。

2.2 微课视频的拍摄

微课视频的制作首先需要经过构思准备的过程,构思准备主要包括组建模块、规划内容和构思画面这 3 个部分。在准备完成之后,就可以进行微课视频的摄录了。本节将介绍摄像机拍摄和手机拍摄的相关技巧。

2.2.1 使用摄像机拍摄微课

传统的摄录方式应用于微课的制作,常用于录制那些需要将与课堂教学场景雷同的讲授、实验和展示结合在一起的课型。在这类微课视频中往往需要结合教师的口头语言和肢体语言来展示教师的个人魅力并传递知识,教学内容与授课教师之间需要出现场景切换,需要展示师生或生生之间的互动。这种类型的微课可以展现课堂授课过程,能够得到真实的现场感,让学生获得与课堂教学类似的体验。

1. 准备拍摄器材

从录制设备上来说,这类微课首先需要准备一台摄像机,摄像机的选择可以根据需要来确定,普通微课的设置并非一定要使用专业摄像机,专业摄像机成本高,操作复杂,技术要求高,对于一般教师来说很难使用。实际上,一般的微课,使用家用摄像机完全可以达到要求,如图2.1所示。如果没有摄像机,退而求其次,使用带有录像功能的数码单反相机也可以。

图2.1　各种摄像机

要达到良好的拍摄效果,微课视频一般不使用手持或肩扛的方式来进行拍摄,摄像机必须固定。无论是使用哪种摄录设备,在录制微课视频时,都需要固定好摄像机,常用的固定方式是使用三脚架,如图2.2所示。

根据微课教学环境的不同,应注意录制前光线的准备,如果光线不足则需要增加照明灯光。同时,注意将摄像机的电池提前充好电,以确保拍摄时有足够的电量,可能的话应该尽量使用交流电供电。另外,要注意摄像机存储卡的容量是否足够,避免录制中出现存储空间不够的问题。另外,为了清晰录制教师讲课时的语音,应该为教师准备无线领带话筒或定向话筒。

图2.2　摄像用三脚架

2. 准备拍摄环境

在进行微课录制环境的准备时,要明确微课并不是课堂教学录像。因此,并不需要将平时上课的环境照搬过来,必须根据微课教学的要求来进行清理、调整和完善。

很多时候,在录制微课时,会使用常规教室,如图2.3所示。此时应该对教室环境进行规划,结合微课的教学模式、教学内容和环境衬托来进行准备。注意教室内原有的环境与微课内容是否能起到互相衬托和互相补充的作用,对于微课教学可能产生负面影响的内容要坚决清理。

图2.3　授课环境是传统的教室

很多微课教学中都需要用到教学道具,例如模型和实验装置等。这些物品要提前准备好并逐个检查其质量,避免在拍摄过程中出现故障。物品应该按照教学过程中使用的先后顺序摆放,在没有用到某个教学道具时,如果摆放在讲台上拍摄到视频中势必会对学生的视觉和思维产生干扰,影响教学效果。

在拍摄微课前,设备放置的位置和角度除了要考虑教师授课的因素外,还应该考虑教学道具的摆放和操作位置。在拍摄前最好检查摄像设备镜头的覆盖区域,在操作台的镜头覆盖区域做好区域标记,如画上方框。这样可以提示授课老师在演示时的操作范围,不至于操作动作在镜头覆盖区域外进行从而发生无法录制的情况。

3. 拍摄的要求

微课视频拍摄时,必须做到"平、稳、准、清和匀"这5点。平,指的是无论是进行静止状态的拍摄,还是运动状态的拍摄,摄像机要始终保持水平状态,拍摄时要提前规划好水平参考线,让摄像机的水平移动始终保持在这条水平线上。

微课在拍摄时要保持画面的稳定,消除不必要的晃动,这就是为什么需要使用三脚架的原因。同时,拍摄过程中应该准确无误地抓取拍摄的对象,按照微课教学的要求及时快速地对准对象进行拍摄。在进行跟和移的拍摄时,无论主题如何运动,对象都需要保持在画面的某一位置上。拍摄时,画面中重点准确,拍摄时机把握准确,运动节奏准确。

在微课中,摄像机拍摄到的画面必须清晰,拍摄时镜头的移动不能太快,调整焦距要快速和准确,否则都会造成画面模糊。另外,运动拍摄时的速度和节奏要均匀,镜头运动的起和止速度要稍慢,中间运动状态变速要均匀,这样才能保证拍摄质量。

除了上面介绍的几点之外,拍摄时还要注意每一个镜头时长的控制,镜头的时长由微课展示内容的需要和整个微课的时长决定。通常情况下,拍摄固定镜头时,每个镜头的有效长度不应少于8秒。对于运动镜头,每一个镜头的起幅和落幅部分应该有3秒左右的余量,中间运动部分的拍摄时长应该符合人的视觉习惯。运动部分的时间不能太短,否则学生跟不上,会造成看不懂且眼睛很累的情况。但是这个时间也不能太长,否则学生可能会失去观看的耐心。

2.2.2 使用手机拍摄微课

相对于使用摄像机拍摄微课,使用手机来拍摄微课具有操作简单、适用性强和拍摄成本低等特点。智能手机本身是一种普及度很高的摄像工具,其在选取拍摄角度时具有很大的自由度,因此这种方式的拍摄和后期制作是十分简单的,教师个人完全能够独立完成从讲课到拍摄到后期制作的全部过程。

使用手机来拍摄微课,适用于类似可汗学院这种模式的微课,也常用于无人出镜且视觉范围较小的微课的制作。从教学内容方面来说,公式的推演、例题的讲评、知识的分析等书写内容较多的理论型微课都十分适合用手机来进行拍摄。用手机拍摄的微课向学生呈现的是教学内容和教师讲解的语音,减少了对教师出镜、环境和设备的准备等方面的要求。

1. 拍摄前的准备

手机拍摄的微课,其课程内容与传统教学差异不大,以教师的单向授课为主,设计时同样需要启发、引导和总结等教学环节。授课教师在教学前需要认真准备微课脚本,确定拍摄时每一个分镜头的节点。

如果是录制操作类微课,应该准备必要的实验操作用品。如果是制作讲解类微课,则需要准备书写用纸,纸张一般使用 A4 幅面即可。纸张应该固定在写字台上,四角或背面用双面胶固定在桌面上以避免移动。当书写完一张后,只需将其拿掉,然后再换上一张粘贴即可。因此,对于讲解类微课,实际上可以用 A4 纸张来划分分镜头的节点,每一个教学焦点作为一个分镜头内容,每使用一张 A4 纸张作为一个分镜头内容。

在使用手机录制微课时,除了准备手机之外,还需要使用手机支架固定手机。这里的手机支架可以是普通的台式万向支架。这种支架可以固定在桌面上,并且可以随意调整高度和位置,如图 2.4 所示。由于手机微课摄录的需求增大,现在还出现了专门用于手机微课录制的支架,这种支架对于固定摄录手机更为方便稳固,如图 2.5 所示。

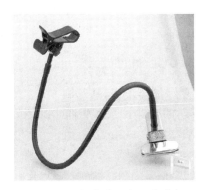 

图 2.4　手机台式万向固定支架　　　　图 2.5　手机微课支架

使用手机摄录微课视频,最关键的是手机的固定。手机在固定时,应该使其摄像头的中心在垂直方向上正对着桌面上 A4 纸张的中心。拍摄前要调整好手机的高度和焦距,保证拍摄清晰,同时要让 A4 纸张位于手机拍摄的有效区域中。这样,才能保证书写字迹清晰端正,将教师书写内容完整地显示出来。

另外,根据授课要求,录制前准备好需要的绘图工具和书写工具,将它们放置在镜头可视区外备用。这里,一般采用碳素笔来进行书写,重要的内容可以使用红色或绿色的笔来进行勾画和标注。

为了保证讲解的质量,一间安静的房间是必需的,房间避免可能产生的声音干扰,例如电视机和电话铃声等,避免冰箱和空调等设备的噪声干扰。由于教师在授课时,口远离手机的麦克风,手机录音效果会不太好。此时,教师可以使用带有与操作相关的情感来进行讲解以弥补不足,或者在录制完成后,在后期视频编辑时单独录制讲解语音,将其添加到视频中。

室内光源可以使用日光灯,同时使用桌面台灯来补光照明,消除手和笔在纸上造成的阴影。在拍摄中如果出现了阴影,可以对照明灯的亮度、位置和角度进行调整,消除阴影带来的影响。

2. 拍摄中的注意事项

在拍摄过程中,教师根据教案来进行书写和讲解,其中关键的是拍摄过程的控制。拍摄时首先要注意在书写时,另一只手最好不要进入拍摄区,同时注意不要触碰手机或支架,以免产生晃动或镜头位移。在书写或需要进行双手操作时,要注意手的位置,不要遮挡光线或影响画面内容。这一点,可以通过在正式拍摄前进行练习来掌握操作技巧。

在使用手机拍摄时,教师要注意突出教学焦点,使学生能够清晰地辨别出微课的重点和难点。为了达到这个目的,在录制微课时,教师可以准备几种不同颜色的笔,在需要强调的位置进行圈点,同时不要吝啬语言,多使用引导和启发性的语言来引起学生对重点内容的注意。

在使用手机拍摄时注意避免出现拍摄图像的变形,变形一般是由于手机摄像头与纸张之间位置不合适造成的,这里要求摄像头与纸张的中心位置对齐,手机应该与纸张保持平行。

2.3 使用录屏的方式制作微课

对于普通教师来说,制作微课视频的行之有效的方法是使用屏幕录制方式。这种方式具有技术门槛低和制作成本低的优势,教师只要能够熟练使用计算机,拥有基本的硬件设备,就可以完成微课视频的制作。

2.3.1 录屏微课的常见模式

录屏的方式是微课录制的一种最为常见易行的微课制作形式,从录制方式上来说,这类微课一般分为录屏类和手写类两种模式。录屏方式录制的微课符合视听同步的原则,具有一般计算机操作技能的教师均能独立制作。

1. 录屏类微课

录屏类微课是一种常见的微课制作方式,其使用录屏软件和其他应用软件来录制微课视频。录屏软件用于录制屏幕上的内容和教师的讲解,而应用软件提供教学内容,软件包括通用软件或教学专用软件,如 PPT、几何画板和 Flash 等应用软件。

录屏类微课制作的成本较低,从硬件方面来说需要一台计算机,计算机预装屏幕录制软件和与教学相关的应用软件。为了能够录制教师的讲解,需要配备带话筒的耳麦或独立的话筒,如图 2.6 所示。

图 2.6 屏幕录制时需要的硬件设备

这里,为了保证录音的质量,录制微课时一个安静的房间是必需的。同时,最好使用带话筒的耳麦,这样一方面能够减少外部无关声音的录入,同时也可以方便监听录音的效果。

2. 手写类微课

手写类微课是用数位板或手写板等输入设备,利用录屏软件在计算机上录制的微课。这类微课在录制时,教师一边讲解,一边书写勾画,声音和书写同步,就像普通课堂上的教师板书那样。讲解和书写被录制下来保存为视频,就完成了微课的制作。这种微课录制方式十分适合于数理化类微课特别是习题讲解类微课的制作,因为这类微课视频需要展示教师的思维方式和解决问题的思路,通过直接书写解决问题的过程能够直观、完整而有效地呈现思维的轨迹。萨尔曼·可汗制作的教学视频采用的就是这种方式,因此这种方式也称为"可汗学院"方式,如图 2.7 所示。

教师在录制这类微课的时候,需要一台用作操作平台的计算机,同时需要准备手写板,如图 2.8 所示。当然,为了录制教师的讲解,微课录制时同样需要麦克风。为了保证录制的质量,一个安静的不受干扰的房间也是必需的。

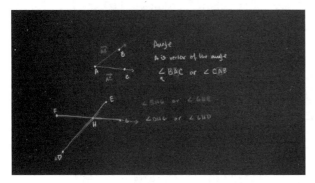

图 2.7 "可汗学院"网站上的微课视频

图 2.8 手写板

2.3.2 常用的录屏软件

在使用录屏的方式制作微课时,录屏软件是必不可少的,其作用主要是录制教师在屏幕上的操作和讲解语音。当前的录屏软件很多,本节将对一些实用的录屏软件进行介绍。

1. 使用 Adobe Captivate 录屏

Adobe Captivate 是功能强大的软件,它可以让不具有编程知识或多媒体创建技能的人快速创建功能强大且引人入胜的项目,这些项目可以是仿真动画或软件演示,也可以是场景培训和测验等。使用该软件,只需通过简单的操作就可以轻松实现记录屏幕操作、添加电子学习交互和创建具有反馈选项的复制的分支场景,创建的项目中可以包含各种媒体元素。

Adobe Captivate 可以运行于从 Windows 7 到 Windows 10 的多种平台,如图 2.9 所示。使用 Adobe Captivate 来进行录屏操作十分简单,下面简单介绍操作方法。

图 2.9 Adobe Captivate 9 的启动界面

启动 Adobe Captivate 后,在欢迎界面中选择"软件模拟"选项,单击"创建"按钮,如图 2.10 所示,将打开一个对话框,对话框中提供了两种录屏模式供用户选择。

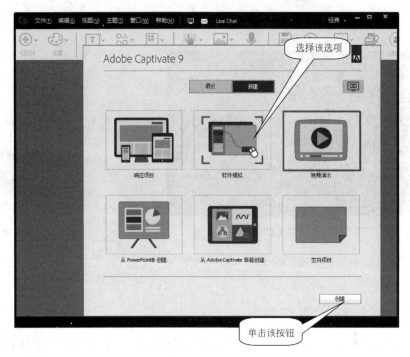

图 2.10　单击"创建"按钮

如果选择"应用程序"模式,在"选择窗口以录制"列表中将列出当前打开的所有应用程序窗口。选择需要录制的应用程序,如图 2.11 所示,此时该应用程序窗口将被带有控制柄的红色边框框住。单击"录制"按钮,在程序窗口中的所有操作将被录制下来,如图 2.12 所示。

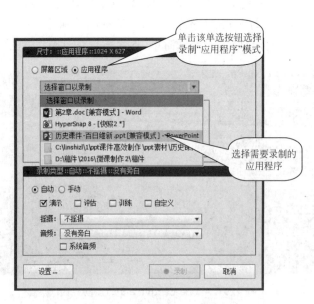

图 2.11　选择录制"应用程序"

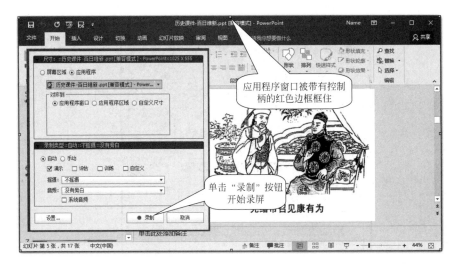

图 2.12 应用程序窗口将被框住

如果选择"屏幕区域"模式,用户可以自定义录屏区域的大小,如图 2.13 所示。在对话框中对录制类型进行设置,如果只是录制屏幕上的操作,只需选中"演示"复选框就可以了,如图 2.14 所示。在录屏前,用户也可以使用鼠标直接拖动红色的录屏框调整其位置,拖动录屏框上的控制柄来设置录屏区域的大小,如图 2.15 所示。

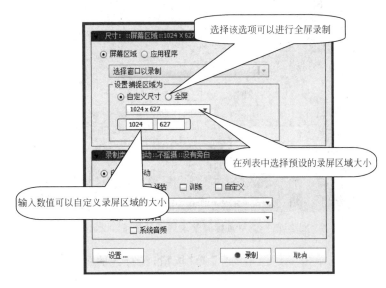

图 2.13 自定义录屏区域的大小

单击对话框中的"录制"按钮,录屏框中的操作将被录制下来。完成录制后,只需在任务栏中单击 Adobe Captivate 图标即可。Adobe Captivate 将录制的内容以幻灯片的形式置于程序窗口中,在这里可以对录制的内容进行编辑处理,如添加图片、文字、视频和声音,也可以对鼠标路径进行编辑,插入注释和交互按钮等。

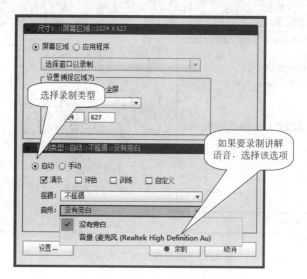

图 2.14 设置录制类型

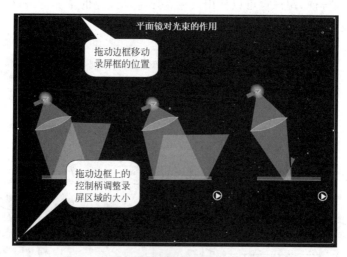

图 2.15 使用鼠标调整录屏框的位置和大小

在完成编辑处理后,单击工具栏中的"发布"按钮,在打开的列表中选择"发布到电脑"选项,如图 2.16 所示。此时将打开"发布到我的电脑"对话框,将录制的内容发布为 HTML5/SWF 文件的形式,设置项目名称和发布文件保存的位置后,单击"发布"按钮,即可获得需要的文件,如图 2.17 所示。

如果在"发布到我的电脑"对话框中的"发布为"列表中选择 Video 选项,如图 2.18 所示,单击"发布"按钮后,录制的内容将发布为 MP4 视频文件。另外,如果在创建项目时选择"视频演示",如图 2.19 所示,那么录制的内容将直接发布为 MP4 视频文件。

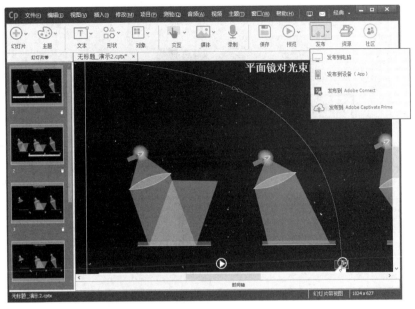

图 2.16 对录制的内容进行编辑

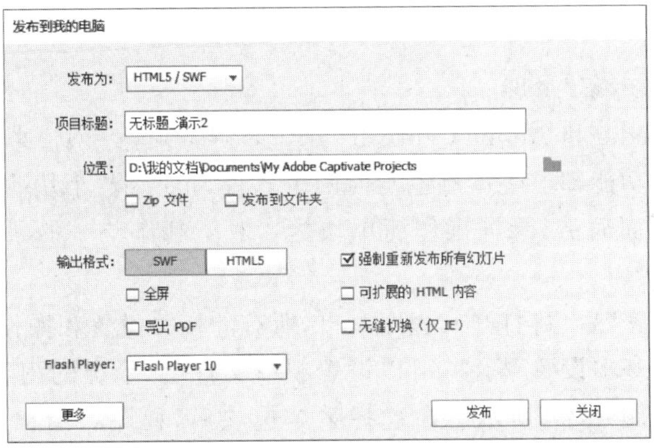

图 2.17 "发布到我的电脑"对话框

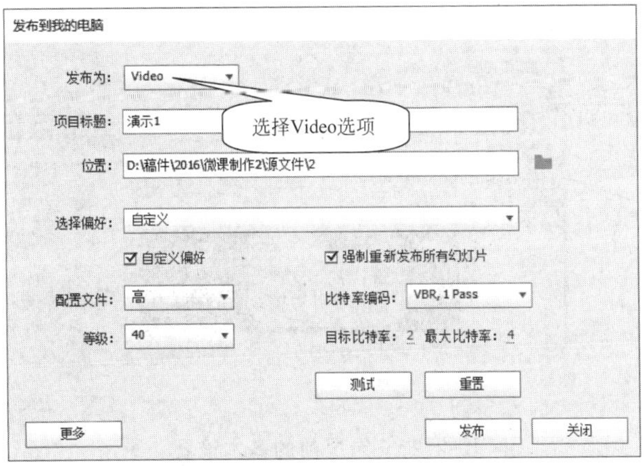

图 2.18 将录屏内容发布为视频

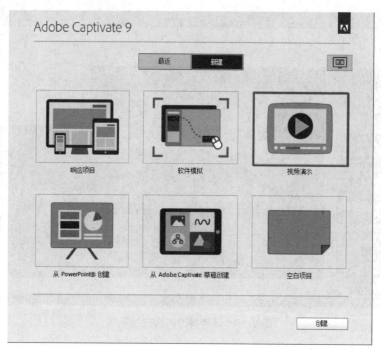

图 2.19 选择"视频演示"选项

2. 使用"屏幕录像专家"录屏

对于 Camtasia Studio 和 Adobe Captivate 来说,"屏幕录像专家"这个软件则要小巧得多,操作也简单得多,但其功能却丝毫不逊色于前两个软件,正所谓"小块头同样有大智慧"。"屏幕录像专家"的操作界面简洁,录屏操作简单快捷。对于制作单一的录屏微课,"屏幕录像专家"更容易上手,更加实用。

启动"屏幕录像专家"后,将打开其程序窗口,所有的相关设置和操作都可以在这个窗口中完成。单击窗口中的"基本设置"标签,可以设置项目文件名、录屏的内容、临时文件保存的文件夹和视频格式等,如图 2.20 所示。在选择某个选项后,程序将给出对话框用于进一步的设置。

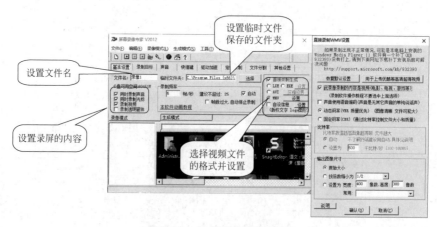

图 2.20 录屏前的基本设置

单击窗口中的"录制目标"标签,可以对录屏的范围进行设置。"屏幕录像专家"可以录制全屏、窗口和摄像头,也可以自定义录屏范围,如图 2.21 所示。

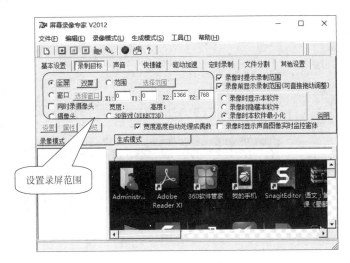

图 2.21　设置录屏范围

如果录屏时需要录制教师的讲解语音,可以单击"声音"标签,设置录音设备,并对采样率和采样频率等进行设置,如图 2.22 所示。

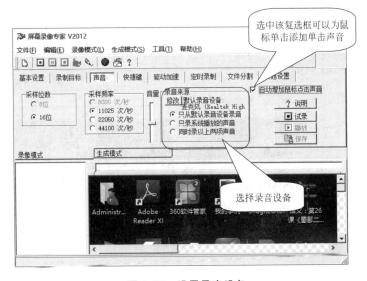

图 2.22　设置录音设备

与其他录屏软件相比,"屏幕录像专家"有一个特有的功能,那就是可以实现录屏的自动操作。单击"定时录制"标签,可以设置录屏的开始时间和结束时间,单击"开始定时"按钮可以实现按照设定的时间自动录屏,如图 2.23 所示。

为了避免录屏时录制的视频文件过大,有时需要对视频进行分割,"屏幕录像专家"可以根据需要自动对录制的视频进行分割,将其分割为多个文件,如图 2.24 所示。在完成设置后,单击工具栏中的"开始录制"按钮 即可开始屏幕录制。

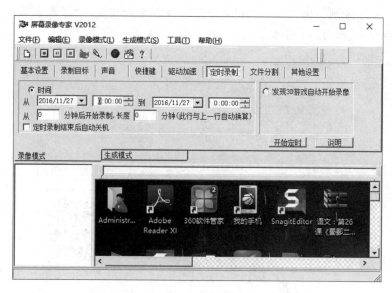

图 2.23 "屏幕录像专家"可以定时录屏

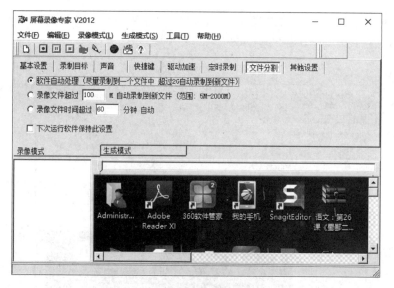

图 2.24 自动分割录制的视频

3. 使用 SCREEN2EXE 录屏

之所以介绍 SCREEN2EXE 这个录屏软件,是因为它免费,而且自身体积小巧且无须安装即可使用,用户可以将其放在 U 盘中随身携带,随时使用。SCREEN2EXE 使用的是 SSCV2 高压缩算法,在保证录制视频的效果同时也保证了视频文件的小巧。SCREEN2EXE 也可以在录屏时使用麦克风录制讲解语音,可以捕捉全屏幕和屏幕上的部分区域的影像,捕捉鼠标的移动和单击。

SCREEN2EXE 的操作十分简单,只有 3 步。运行软件,默认情况下是进行全屏录制。在软件窗口中拖动鼠标可以重新绘制录屏区域。在程序窗口的右侧选中"录音"复选框选择录制声音,如图 2.25 所示。

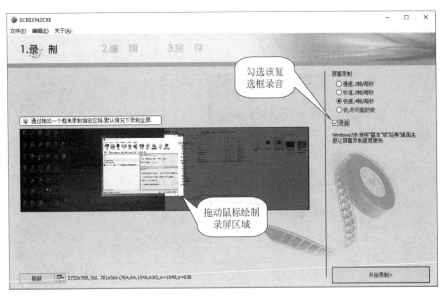

图 2.25　设置录屏区域并选择录音

单击"开始录制"按钮,程序会给出倒计时提示给用户留出准备时间,如图 2.26 所示。开始录制后,按 F10 键或双击 Windows 任务栏中的软件图标即可停止录制。停止录制后,程序弹出"录制已停止"对话框,在对话框中单击相应的按钮选择进行的操作,如图 2.27 所示。

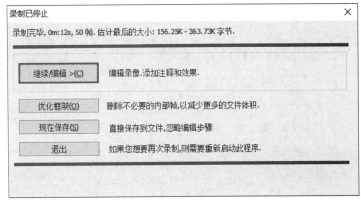

图 2.26　录制前的提示　　　　　图 2.27　"录制已停止"对话框

在"录制已停止"对话框中单击"继续/编辑"按钮,可以在呈现窗口中对录制的视频进行编辑,包括对视频进行裁剪、添加注释和重新配音等,如图 2.28 所示。

编辑完成后,单击"完成"按钮对文档进行保存。保存文档前,可以设置视频的输出质量、选择是否将其保存为 EXE 文件以使其能够自动播放以及选择视频的保存格式和保存文件夹等,如图 2.29 所示。设置完成后,单击"马上保存"按钮即可。

4. 使用 Snagit 录屏

Snagit 是一款功能强大的截图软件,它也具有录屏的功能。Snagit 能够录制整个屏幕、屏幕上的部分区域或窗口中的操作,同时也具有录音的功能。

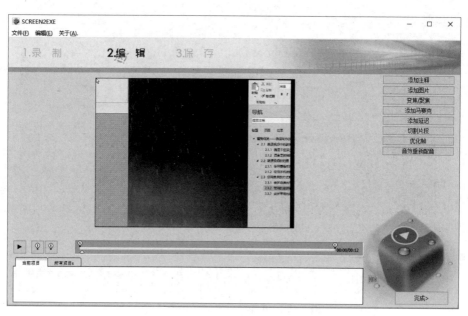

图 2.28 对视频进行编辑

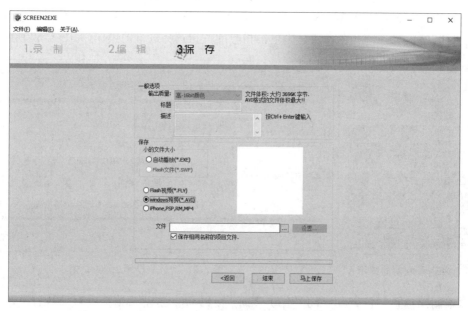

图 2.29 保存视频

启动 Snagit 后,程序面板会停靠隐藏在屏幕的某个边上,将鼠标指针放置在停靠区域上,程序面板将自动出现。录屏前,需要先对操作进行设置。在面板中单击"其他选项和帮助"按钮,如图 2.30 所示。在打开的面板中单击"首选项"按钮,如图 2.31 所示。此时将打开"首选项"对话框,在对话框中打开"高级"选项卡,在选项卡中选择录音设备,如图 2.32 所示。

在 Snagit 的程序面板中单击"管理配置文件"按钮,打开"管理配置文件"对话框。在对话框的列表中选择 Video 配置文件选项后设置录屏区域和开始录屏的热键,如图 2.33 所示。设置完成后,单击"保存"按钮保存对配置的修改。

图 2.30 Snagit 程序面板

图 2.32 选择录音设备

图 2.31 单击"首选项"按钮

图 2.33 编辑录屏的配置文件

完成上述设置后就可以开始录屏了,在录屏面板中单击 Video 选项或是按前面设置的热键,即可开始屏幕的录制。开始录屏时,如果拖动鼠标也可以不按照配置文件中的设置来重新指定录屏区域。Snagit 会给出录屏工具栏,在工具栏中可以对录音设备重新进行选择。单击"录制"按钮即可开始屏幕录制,此时录屏工具栏不会消失;录制完成后单击工具栏右侧的"完成"按钮即可完成屏幕操作,如图 2.34 所示。

图 2.34 开始录屏

完成录屏后,默认情况下 Snagit 将使用其自带的 SnagitEditor 打开它。使用 SnagitEditor 可以预览录制的视频,如图 2.35 所示。选择 SnagitEditor 的"文件"|"另存为"|"标准格式"命令,打开"另存为"对话框,在对话框中选择文件保存的文件夹和文件名,单击"保存"按钮,即可将视频保存为 MP4 视频文件,如图 2.36 所示。

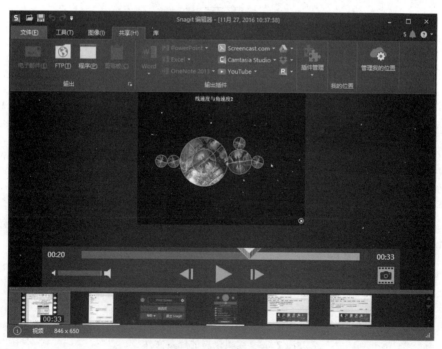

图 2.35 预览视频

图 2.36 "另存为"对话框

2.3.3 制作录屏类微课时的注意事项

微课视频的特点是短小精悍,在较短的时间内说清楚一两个问题。在录制微课前,教师必须做好准备。首先,教师要熟悉将要录制的微课的内容,对于何时进行什么操作、展示什么内容和说什么话,要有一个清晰的认识。因为录屏类微课一般都是仅凭教师个人之力来完成的,教师一边在屏幕上进行相关的操作,一边还要讲解。如果对教学内容和流程不熟悉的话,就会出现讲解不连贯、说错话或忘记某个教学环节等情况。因此,正式录屏前,最好是对要录制的微课进行一下预演,做到心中有数,录制时才不致手忙脚乱、磕磕绊绊。

在录屏时,如果需要录制软件界面,有时会出现软件打开后窗口中字迹较小的情况,在录制的视频中就会出现字迹不清和变色等现象。因此,录屏时建议计算机显示器的长宽比最好是 16∶9,显示分辨率调整为最大。同时,软件的窗口应该尽量放大,以保证窗口文字清晰可辨,保证微课视频的效果。

在录制微课时,由于教师对屏幕上的操作很熟悉,因此不自觉地就会操作很快,而将重点放在需要讲授的重点上,这样并不可取。教师在授课时,屏幕上的每一次操作动作要做到平滑舒缓,动作要连贯,保证让学生能够看清楚操作的过程。

在录屏时,讲解中出现一些小的错误或小的停顿并不可怕,不要一遇到错误就关闭录屏重新开始。在出现错误后,可以停顿 3～5 秒后再重新开始操作讲解。在整个微课录制完成后,对微课视频进行编辑,将出错的地方删除即可。这样可以提高录屏的效率,保持视频录制的连贯性。

在正式录屏之前,要注意做好硬件的准备,如调整好麦克风的位置,麦克风的位置要能保证录音的质量,同时还不能对教师将要进行的操作动作产生干扰。如果在录屏的同时还需要摄像的话,除了准备好摄像头等设备外,还需要注意教师的仪表和着装要符合教师的职业规范要求。

2.4 微课录制完成后的编辑

在微课视频的制作过程中,教师往往对于视频的编辑处理感到无从下手。实际上,视频编辑处理并没有想象中的那么难,很多软件小巧实用,完全能够完成教师微课编辑的一般要求。当然,能够使用专业性更强的视频编辑软件来进行非线性编辑,也是一个不错的选择。对于这些专业软件,很多时候教师只需要掌握其基本操作,就能够达到微课编辑的要求了。

2.4.1 视频格式的转换

视频文件的格式众多,常见的视频文件格式包括 RMVB、MP4、FLV、AVI 和 WMV 等。在将视频素材应用于微课视频之前,有时需要对视频素材的格式进行转换,以便于视频的传播。

1. 使用格式转换工具

对视频格式进行转换,可以使用专用的视频格式转换工具。这类软件很多,可以从网络搜索获得,它们的共同特征是功能强大、操作简单、实用,例如 Total Video Converter、格式工厂等。

Total Video Converter 能够读取和播放各种视频和音频文件并将它们转换为流行的媒体文件格式;内置了一个强大的转换引擎,能够快速进行文件格式转换;能够支持当前主流的视频和音频格式并且具有常用的编辑功能,如图 2.37 所示。

图 2.37 Total Video Converter 软件界面

格式工厂也是一款功能强大的视频文件格式转换工具。它能够对移动设备兼容格式、MP4、AVI、3GP、RMVB、GIF、WMV、MKV、MPG、VOB、VOB、FLV 和 SWF 这 13 种文件格式进行相互转换。移动设备兼容格式包括微软、苹果和安卓等九大类格式,每种类型的格式中包括 3～14 种具体的格式。使用格式工厂进行视频转换一般按照如下步骤进行。

(1) 在进行视频转换时,首先在程序窗口左侧的"视频"列表中选择需要转换的目标文件格式,例如,这里选择 MP4 选项,如图 2.38 所示。

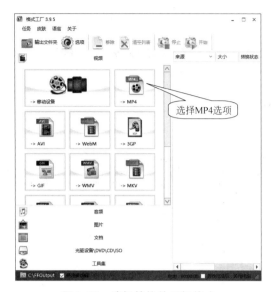

图 2.38 选择转换的目标格式

（2）在打开的设置对话框中添加需要转换格式的视频文件，设置输出文件放置的文件夹。单击"确定"按钮，即可开始文件格式转换，如图 2.39 所示。

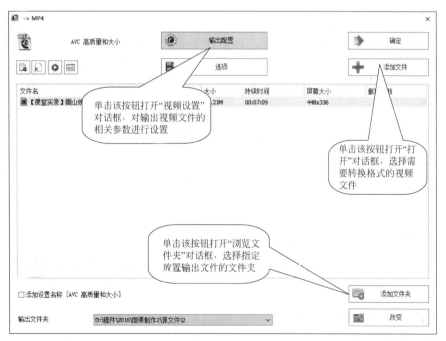

图 2.39 对视频格式转换进行设置

2. 使用视频播放软件

实际上，当前一些主流的媒体播放器（如暴风影音和 QQ 影音等）都具有视频转码功能，能够方便地转换视频格式。下面以 QQ 影音为例来介绍转换视频格式的具体操作方法。

(1) 启动 QQ 影音并打开需要转换格式的视频,单击播放窗口中的"影音工具箱"按钮,在打开的工具箱中选择"转码"选项,如图 2.40 所示。

图 2.40　选择"转码"选项

(2) 此时将打开"音视频转码"对话框,在对话框中单击"添加文件"按钮,打开"打开"对话框,使用该对话框可以指定多个需要同时转码的音视频文件。在"输出设置"栏中设置转码的目标格式并设置转码后文件"保存到"的目标文件夹,如图 2.41 所示。单击"参数设置"按钮,打开"参数设置"对话框,使用该对话框可以对视频格式进行详细的设置,如图 2.42 所示。

图 2.41　"音视频转码"对话框　　　　图 2.42　"参数设置"对话框

（3）完成设置后，单击"音视频转码"对话框中的"开始"按钮开始转码操作，此时在对话框中将显示视频文件格式转换的进度和剩余时间，如图2.43所示。格式转换后的文件保存在指定的文件夹中。

图2.43　开始格式转换

2.4.2　对视频进行简单的编辑

很多时候需要对录制好的视频进行编辑，如对视频片段进行删除、剪切和合并等。这些操作对于普通教师来说并非无法掌握，互联网上有很多短小精简的视频处理软件，同时很多的屏幕录制软件本身也自带了编辑功能。

1. 视频的裁剪

对于微课视频的编辑操作，前期录制如果到位的话，后期编辑一般只涉及常用的操作，如视频片段的裁剪和合并等操作。这些操作相对简单，在网上能够找到很多小巧的共享软件可以使用。同时，很多录屏软件本身也自带了简单的视频编辑功能，完全能够满足一般的操作需求。

实际上，像暴风影音和前面介绍的QQ影音这类主流的视频播放软件，同样能够对视频进行裁剪，用户可以很方便地从视频中截取需要的视频片段。在QQ影音的"视频工具箱"中选择"截取"选项，如图2.44所示。此时在视频播放窗口下方将出现截取工具栏，拖动工具栏上的两个滑块调整截取视频片段的位置。完成设置后单击"保存"按钮，如图2.45所示，此时将打开"视频/音频保存"对话框。使用该对话框可以设置视频片段保存的格式、文件名和保存的位置，如图2.46所示。

2. 视频的合并

QQ影音的"影音工具箱"中还提供了将多个视频合并为一个视频的工具，如图2.47所

图 2.44 选择"截取"选项

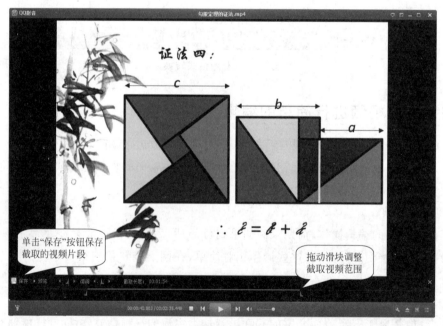

图 2.45 截取视频片段

示。在打开的"音视频合并"对话框中单击"添加文件"按钮,打开"打开"对话框,使用该对话框选择需要合并的视频文件,如图 2.48 所示。单击"确定"按钮,将要合并的视频文件添加到"音视频合并"对话框的列表中,在"输出设置"栏中单击"自定义参数"按钮,打开"参数设置"对话框,设置合并输出文件的格式和各项参数,如图 2.49 所示。完成参数设置后,指定输出文件的文件名和保存的位置后,单击"开始"按钮即可实现视频的合并。

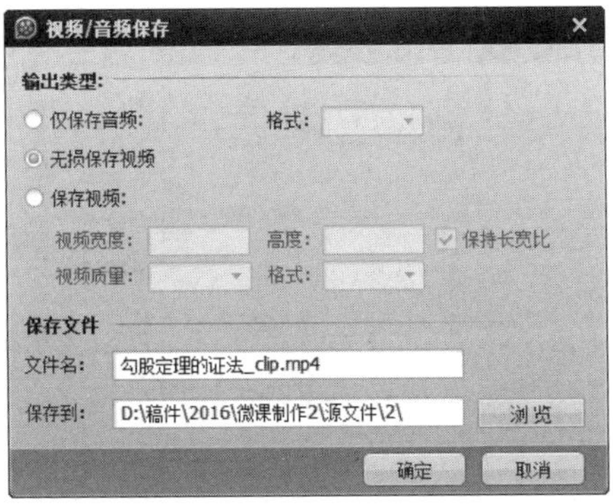

图 2.46 "视频/音频保存"对话框

图 2.47 选择"合并"选项

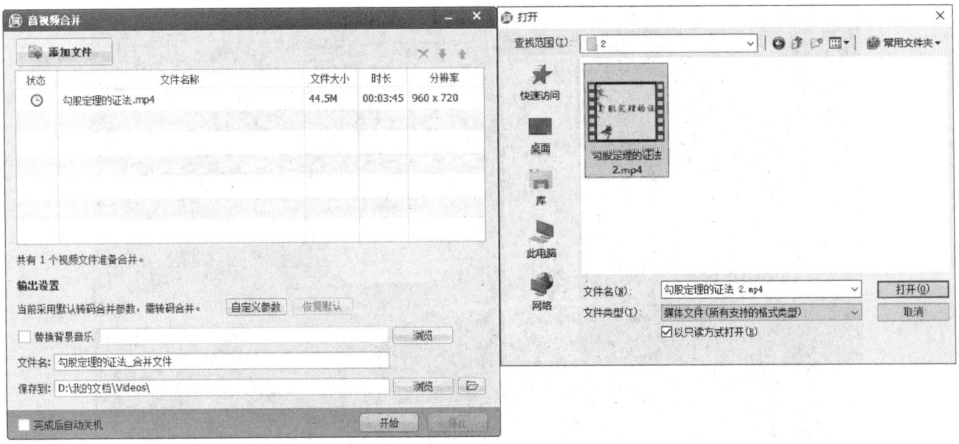

图 2.48 选择需要合并的文件

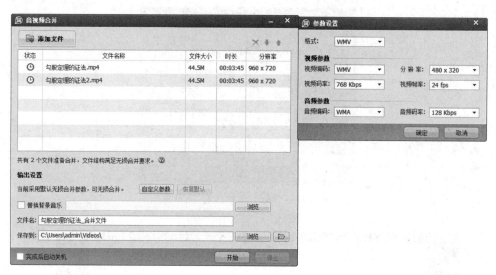

图 2.49　设置输出文件参数

2.4.3　使用非线性编辑软件进行编辑

在完成微课的摄录后,如果需要对其进行专业的处理(如对视频进行裁剪、添加片头、添加字幕和加入特效等),就必须使用专业的非线性编辑软件进行操作了,可以选择 Ulead 公司的会声会影或 Adobe 公司的 Premiere。Premiere 是专业级的视频编辑软件,其功能强大,是各类视频编辑人员的首选。对于 Premiere 来说,会声会影具有不输于它的性能,且操作比较简单,普通教师完全能够快速掌握它的操作方法以实现对微课视频的独立处理。

1. 会声会影可以录屏

会声会影提供了录屏功能,使用它可以方便地实现录屏操作。启动会声会影,在程序窗口中打开"捕获"选项卡,选择其中的"屏幕捕获"选项,如图 2.50 所示。

图 2.50　选择"屏幕捕获"选项

此时将出现"屏幕捕获"工具栏,首先应该设置录屏区域。这里,在工具栏的录屏区域设置列表中将列出已经打开的应用程序窗口选项。选中某个选项后,表示录屏区域的录屏框将自动框选应用程序窗口,如图2.51所示。如果在列表中选中"全屏"选项,将对整个屏幕的操作进行录制。如果选中"自定义"选项,将在录屏框上出现方块控制柄,拖动控制柄可以调整录屏区域的大小。拖动录屏框可以调整录屏区域的位置,如图2.52所示。

图 2.51　自动框选应用程序窗口

单击工具栏中的"设置"按钮展开设置栏,在设置栏中可以对录屏文件的文件名、保存位置和文件格式等进行设置,如图2.53所示。

图 2.52　调整录屏区域的大小

图 2.53　对录屏文件进行设置

完成所有的设置后,在工具栏中单击"开始/恢复录制"按钮 ■ 即可开始录制。完成录制后,单击工具栏中的"停止录制"按钮 ■ 即可停止屏幕录制。录制的视频将以视频文件的形式保存在指定的文件夹中。

2. 对微课进行编辑

启动会声会影后,打开"编辑"选项卡,单击"导入媒体"按钮,打开"浏览媒体文件"对话框,在对话框中选择需要的媒体文件后即可将其导入到媒体库中,如图 2.54 所示。

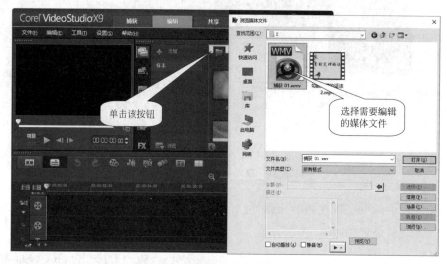

图 2.54 选择需要编辑的媒体文件

从媒体库中将其拖放到视频轨道上,将时间轴滑块拖放到需要的时间点后右击,选择关联菜单中的"分割素材"命令,即可将视频分割开,如图 2.55 所示。完成视频的分割后,可以在选择视频片段后将其删除或将其移动到轨道上指定的位置。同时,从媒体库中将视频素材放置到轨道上,可以实现多个媒体素材的合并。

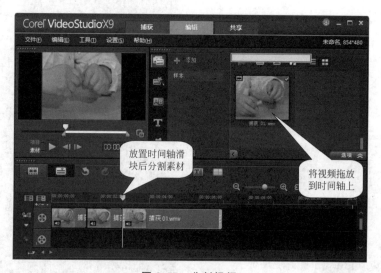

图 2.55 分割视频

3. 为微课添加特效

使用会声会影可以方便在两个视频片段之间添加转场效果，实现视频从一个场景向另一个场景的平滑过渡，如图 2.56 所示。

图 2.56 在视频片段间添加转场效果

为了实现一些特殊的视频播放效果，可以使用滤镜功能。在微课视频中，一般是不需要应用滤镜效果的，但是在制作动画式微课或制作片头和结尾动画时，可以使用滤镜特效对视频、图形和图像等进行艺术处理。在会声会影中使用滤镜十分简单，可以像转场效果那样直接拖放到视频片段上进行应用，如图 2.57 所示。

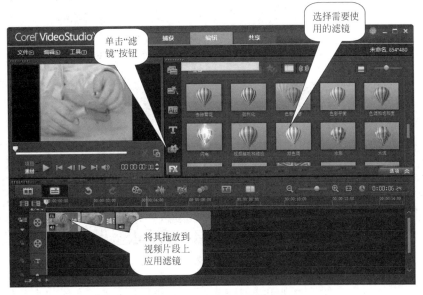

图 2.57 对视频片段应用滤镜

4. 在微课中添加文字

使用会声会影可以在微课视频中添加文字。单击"标题"按钮,在播放器中双击出现的文字可以添加文字,如图 2.58 所示。在"选项"面板的"编辑"选项卡中可以对文字的字号、字体、对齐方式等进行设置,还可以为文字添加边框和阴影效果,如图 2.59 所示。在"属性"选项卡中可以为文字添加动画效果,如图 2.60 所示。

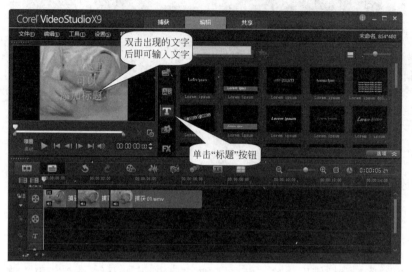

图 2.58 添加文字

图 2.59 对文字效果进行设置

使用会声会影可以方便地为视频添加字幕。在时间轴上选择需要添加字幕的视频片段,单击"字幕编辑器"按钮,如图 2.61 所示。此时将打开"字幕编辑器"对话框,使用该对话框能够向视频中添加字幕,如图 2.62 所示。

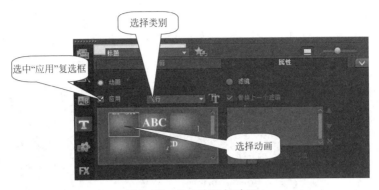

图 2.60　为文字添加动画

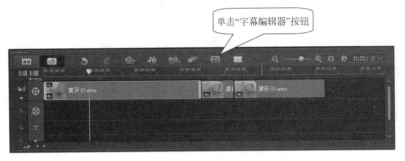

图 2.61　单击"字幕编辑器"按钮

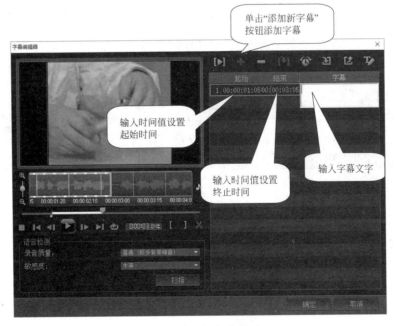

图 2.62　添加字幕

5. 对微课视频中声音的处理

在时间轴上选择视频,单击"混音器"按钮,打开"混音器"面板。在"属性"选项卡中为声音添加淡入淡出效果,如图 2.63 所示。打开"环绕混音"选项卡,可以对声音的混音效果进行设置,如图 2.64 所示。

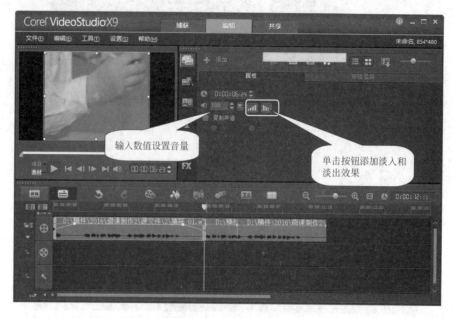

图 2.63　设置"属性"

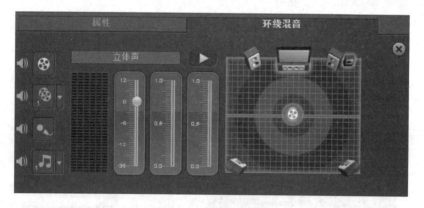

图 2.64　设置混音效果

6. 输出微课视频

在完成对微课视频的编辑处理后,需要将视频文件输出。在会声会影程序窗口中打开"共享"选项卡,单击"计算机"按钮,选择将视频保存到本地计算机上。单击相应的图标,选择视频输出格式,对视频输出的文件名和视频放置的文件夹等进行设置,如图 2.65 所示。

如果要将微课视频输出为 MP4 文件格式,可以单击"设备"按钮,选择"移动设备"选项,在"属性"下拉列表中选择相应选项,如图 2.66 所示。

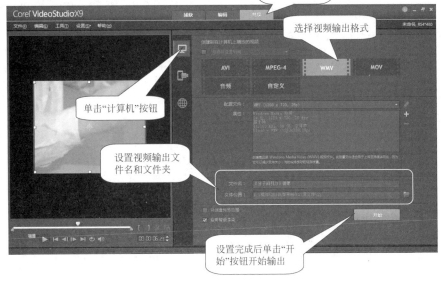

图 2.65 输出微课视频

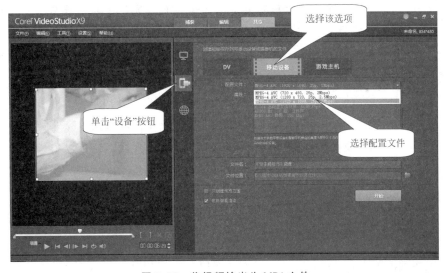

图 2.66 将视频输出为 MP4 文件

第3章
去繁就简——灵活使用PPT

PPT是最常用和最基本的课件制作软件,其简单易学、操作方便快捷,可以说"会打字皆会用PPT"。PPT课件技术非常容易掌握,普通教师很快就能掌握并使用它。PPT十分适合于内容和对象的演示,其展示符合教学演示的特点。无论是摄录微课还是通过录屏的方式录制微课,都离不开内容的展示,使用PPT也就是必然的了。PowerPoint的功能强大,其在制作微课视频的过程中不仅可以提供微课PPT这种必备的素材,还可以很好地参与微课视频的录制,甚至可以制作微课视频。本章将对微课录制过程中PowerPoint的使用进行介绍。

本章主要内容:
- 认识微课PPT
- PowerPoint在微课中的应用
- 使用PowerPoint来制作微课

3.1　认识微课 PowerPoint

PPT（PowerPoint，以下缩写 PPT）课件是一种以幻灯片形式播放的多媒体文件，可以将文字、图片、动画、语音和视频等多种媒体集合在一起播放，使一些难以单纯使用文字或语言表述清晰的问题通过多种媒体呈现在学生面前。PPT 课件具有图文并茂和表现力强的特点，是一种在教学中广泛使用的展示形式。任何形式的微课都离不开内容的展示，因此在制作微课视频时，PPT 同样大有可为。

3.1.1　认识微课中的 PPT

目前，PPT 已经在课件制作领域得到了广泛的使用。使用 PPT 来辅助教学可以将多种媒体信息形态进行整合来呈现教学内容，使教学形象生动，有效地激发学生学习的兴趣，启发学生的想象力，提高学生的学习效率。在课堂教学中，PPT 具有方便快捷的特点，能有效地提高教师教学活动的效率。

1. PPT 在微课视频中的作用

在微课教学中，PPT 课件的应用是必不可少的。常规教学中的 PPT 是一种相对独立的教学资源，其与教师的板书相配合能够起到优势互补的作用。在微课视频中的 PPT 则不是一种独立的教学资源，不能单独使用，需要与教师的讲解、动画和视频演示等资源配合使用，才能形成完整的微课。

通常情况下，微课视频中的 PPT 课件只是呈现微课教学中需要的内容。在一些摄录类微课中，由于教学内容大多是通过摄像机现场录制而来，PPT 在微课视频中常出现在片头以呈现教学内容提要，出现在片尾以对教学内容进行总结，即使出现在视频中间也仅仅是对需要的重点内容进行提示。

在微课视频中，PPT 是呈现内容的一个重要的方式，是给教师在拍摄或录制微课中使用的，并不是直接给学生作为教学资源使用的。因此，在设计和制作用于微课的 PPT 时，教师要认识微课中 PPT 的作用，不能将其等同于常规教学用的 PPT。否则，PPT 会造成信息过度使用，分不清重难点，或教学内容同质化，从而影响教师在微课中的发挥等问题，严重影响微课的教学效果。

2. 优秀微课 PPT 的特征

微课 PPT 必须充分体现教学特性，与微课教学内容密切结合，课件的主体内容体现出学科的特征。优秀的微课 PPT 应该具有下面 4 个方面的特征。

- 微课 PPT 需要具有创意性。微课 PPT 的创意性包括内容要有创意性、内容的表现形式要有创意性和使用过程要有创意性这 3 个方面。在 PPT 中，教学内容以文字表述、图像、动画和表格等多种方式呈现，不能只是简单的图片和文字的堆砌，更不能是简单的黑板的替代品。PPT 通过多种方式将视觉和听觉方式结合起来，使用图片、动画和声音等多种方式将知识和技巧传递给学生。
- 微课 PPT 的制作应该有创新性。微课 PPT 的创新性主要体现在制作理念要创新、制作模板要创新、教学内容要创新和信息技术应用要创新这 4 个方面。在微课 PPT 中，要体现以学生为中心和行动导向的教学理念，要根据微课内容设计课件模板使其与教学内容互相依托。有些时候，甚至可以突破 PPT 的限制，使用 Flash 和 Prizi 等软件来设计制作课件以获得更特别的演示效果，使微课视频获得更好的教学效果。
- 微课PPT应该具有良好的支持性。微课PPT是微课教学中的一个重要的支持性教学手段，课件呈现的是教学重点内容，将难以用语言表达清楚的内容使用图片、动画和视频等多种方式展现在学生面前。教师对内容的呈现应该进行详细分析，在视频讲解中要合理操作，使其支持教学目标的达成，让学生快捷理解教学内容。
- 微课PPT应该具有协调性。微课PPT中的内容应该与视频中的内容相互补充和协调一致，共同构建微课的教学内容。在制作微课时，微课模板的风格和内容布局的风格应该与微课视频的呈现风格和内容布局协调一致，让呈现的重点内容和教学焦点能够在视觉和听觉上得以强化，增强学生的学习兴趣从而获得更好的学习效果。

3.1.2 微课PPT的页面设计

在录屏类微课中，录屏软件＋PPT的制作模式是一种基于个人计算机的微视频制作模式，这种模式也是现在最为常见的一种制作模式。微课PPT一般包括首页、内容页和结尾页这3个部分，在设计时，这3类页面都应该保持相同的页面风格，且与教学内容相呼应，使微课教学内容的呈现更加完美并有效地衬托微课主题。

1. 首页的设计原则

首页是PPT的第一页，页面内容一般包括微课课题、授课教师姓名和所属单位等信息，首页中还可以添加诸如所属单位徽标、教师职称或制作日期等信息，其他的内容不要安排在首页中。

微课首页中应该突出微课的课题，应该做到主题鲜明、简洁明了，各项内容层次清晰且易于辨识。页面的设计在保持与微课视频的风格一致的情况下，力求设计新颖，有创意，给人一种焕然一新的感觉，吸引学生的注意。

如图3.1所示，在这个首页页面中，标题置于背景框上，文字颜色使用与背景对比鲜明的白色，标题文字突出。页面左上角和右下角添加课件相关辅助信息，使用PowerPoint图标强化微课主题。整个页面简洁明了，重点突出，让学生对微课主题一目了然。

微课PPT首页内容的呈现方式一般采用图片＋标题文字的静态方式，有时也可以适当采用PPT动画的形式，伴随动画添加背景音乐，但一定不要使用过多的艺术手法或蒙太奇手法等，以免造成眼花缭乱和等待识别时间过长的情况。通常，首页在微课视频中显示的时

图3.1 微课PPT首页

间以8~10秒为宜，要给学生留下足够的时间来识别微课课题和授课教师等信息。

2. 内容页的设计原则

微课PPT内容页的合理布局十分重要，它是展示微课内容的位置，画面的设计要进行模块化布局，根据每个页面内容来选择合理的构图方式，处理好页面中的主题内容和其他内容之间的关系。

微课PPT内容页要以简洁作为第一原则，在内容布局上要保持页面上只有一个视觉兴趣

中心,这个视觉兴趣中心应该是当前页面中最重要的信息。在内容页中,标题不要占据太大的空间,否则会减少内容所占据的画面空间。标题文字的字号最好控制为28~32,这样既能够保证让学生看清楚,也能最大限度地呈现必须展示的其他内容。页面中正文的文字不要多,正文内容应该按照教师的讲解和教学过程的顺序来排列,只呈现要点就可以了,如图3.2所示。

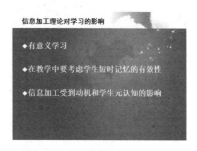

内容页中不可避免地会用到图片,图片应该清晰,每个页面中的图片使用不要过多。图片应该符合一个页面中只安排一个重点内容的要求,重点图片的内容应该需要文字进行解析,文字与图片应该按照邻近原则进行布局,如图3.3所示。

图3.2 以要点的形式呈现内容

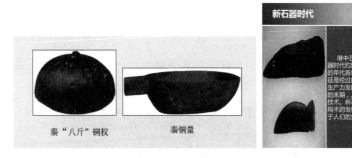

图3.3 图片和文字符合邻近原则

在内容页中,为了能够更好地吸引学生注意,可以使用框架形式,也就是将页面的内容用边框框起来,如图3.4所示。

图3.4 用边框将内容框起来

在制作微课PPT时,内容页要注意留白。所谓的留白,指的是在界面边界处留出的空白。如果页面不留白,即使内容不多也会让人觉得页面拥挤,录屏后的效果自然不好,影响学生的观看,如图3.5所示。

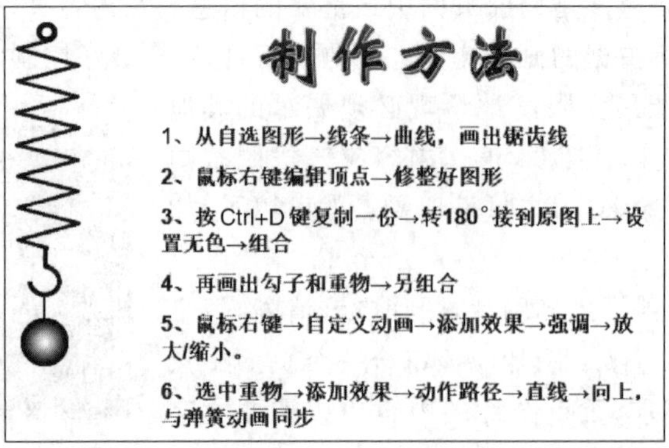

图 3.5 留白不够

3. 结束页的设计原则

在微课 PPT 中,结束页的内容包括微课教学内容小结、布置学生课后需要完成的任务或结束语等,如图 3.6 所示。其中,教学内容总结一般以文字的方式呈现,结束语一般使用感谢语句或显示制作者相关信息。布置的课外任务一般使用单独的页面呈现,如果有案例,则应该使用图片以增强对学生的吸引力。

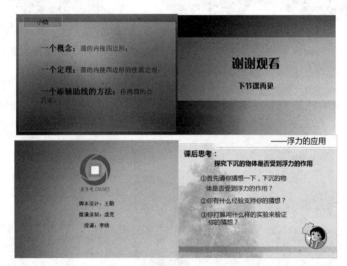

图 3.6 微课 PPT 中的结束页

3.1.3 PPT 课件画面的长宽比

PPT 课件中幻灯片的长宽比分为 4∶3 和 16∶9 这两种,对于传统计算机屏幕和投影仪屏幕,使用 4∶3 的长宽比是合适的。随着信息技术和屏幕技术的发展,16∶9 的宽屏显示方式已经逐渐地得到广泛应用。

在制作微课 PPT 时,使用 16∶9 的宽屏模式是符合微课视频的需求的,它具有下面这些优势。

- 使用 16∶9 的宽屏模式可以提供人们更喜欢的广角画面。人的双眼瞳孔比例接近 16∶9,因此观看宽屏画面时会让人感觉更加的舒适和大气,且有视觉冲击力。这样的微课视频能够让学生产生愉悦,提高学生的学习兴趣。

- 使用16∶9的宽屏模式能够显示更多的教学内容。在微课PPT中,如果使用传统的4∶3显示方式,一个页面中只能围绕一个中心点来进行布局,如果内容多的话,画面就会显得局促。如果使用16∶9的宽屏模式,画面可以左右布局,这样就可以有两个中心,可以实现两个画面的同步演示,画面中的内容可以方便地实现层次布局而不会显得拥挤。
- 使用16∶9的宽屏模式能够适合当前主流视频终端显示。当前主流的笔记本电脑、投影屏幕和手机屏幕等都是16∶9的宽屏模式,因此使用16∶9的宽屏PPT能够更好地与播放设备相匹配,充分展示宽屏幕的显示优势,让微课获得更好的演示效果。

PowerPoint的最新版本已经提供了对16∶9宽屏模式的支持,默认情况下,PowerPoint 2016创建的空白幻灯片就是16∶9宽屏模式的。对于普通的4∶3显示模式的课件,在PowerPoint 2016中的"设计"选项卡的"自定义"组中单击"幻灯片大小"按钮,在打开的列表中选择"宽屏16∶9"选项可以直接将其转换为16∶9的宽屏模式,如图3.7所示。

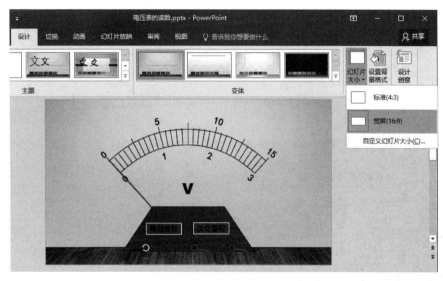

图3.7 转换为16∶9宽屏模式

在传统的4∶3页面中,也可以使用遮挡的方式来实现宽屏显示模式。具体的做法是:使用PowerPoint的自选图形在页面的顶端和底端绘制颜色矩形进行遮盖,这样可以使页面中间的内容区域在视觉上变宽,从而获得宽屏效果,如图3.8所示。

3.1.4 微课PPT的色彩搭配

色彩对视觉效果的影响是巨大的,色彩也会影响观看者的情绪,传递某种情绪,传达某些信息。因此,微课PPT中色彩的使用是十分重要的。对于微课PPT来说,色彩要平和,对比明显,页面中使用的颜色不要过多,色彩不要太

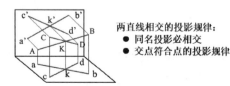

图3.8 使用矩形进行遮盖以获得宽屏效果

艳丽。

在微课 PPT 中,文字颜色对文字内容的显示效果影响是很大的,文字颜色的确定应该充分考虑视频背景的颜色。一般来说,背景颜色应该与文字颜色形成对比,这样才能保证文字内容的显示效果。在微课 PPT 中,可视度清晰的 10 种色彩搭配方案如图 3.9 所示,读者可以根据实际情况来选择。

在微课 PPT 中,课件中应该有一个主体颜色,这种颜色可以使用蓝色、黑色、白色或绿色等,尽量避免使用红色、黄色和紫色作为主体颜色。主体颜色应该和微课的基调保持一致,一般是在确定了微课视频的基调后,依据这个基调再去选择使用的色彩。

在微课 PPT 中,可以在页面中使用渐变填充效果。使用 PowerPoint 2016 制作微课 PPT 时,在"设计"选项卡的"自定义"组中单击"设置背景格式"按钮,在打开的"设置背景格式"窗格中将背景填充方式设置为"渐变填充",如图 3.10 所示。使用渐变填充方式比纯色填充能够让画面更具变化,有效地增强视觉效果。

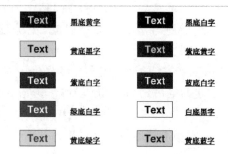

图 3.9　可视度清晰的色彩搭配

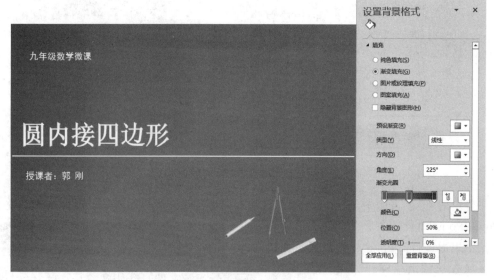

图 3.10　背景使用渐变效果

3.2　PowerPoint 在微课中的应用

微课 PPT 是录制微课时的一个重要的教学素材,PPT 课件的播放离不开 PowerPoint。在录制微课时,PowerPoint 本身的一些功能在保证课件正常播放的同时还能够对微课的录制起到辅助作用,替代某些专业的软件,让教师的录屏工作更加轻松自如。

3.2.1 录课时替代电子白板软件

"可汗学院"模式是微课的一种常见模式,这种模式的特点是教师使用手写板在白板软件模拟出来的黑板上书写相关的内容并讲解,录屏软件将屏幕上的操作和语音录制下来。

"可汗学院"模式的微课除了需要录屏软件之外,还需要电子白板软件。电子白板软件的主要作用是模拟出用于书写的笔触,让教师可以使用鼠标或手写板在屏幕上书写。一般情况下,书写区域的颜色是白色或者黑色。实际上,在安装有 PowerPoint 的计算机中,是不需要再专门安装白板软件的,使用 PowerPoint 完全可以替代白板软件。首先,对屏幕和笔触进行设置的具体操作过程如下。

(1) 启动 PowerPoint 后,创建一个空白演示文稿,不需要在这个演示文稿中添加任何内容。放映该演示文稿,放映时右击,选择关联菜单中的"屏幕"命令,在下级菜单中选择"黑屏"或"白屏"命令,如图 3.11 所示。这里选择"黑屏"命令将屏幕的颜色设置为黑色。

(2) 屏幕变成全黑后,再次右击并选择关联菜单中的"指针选项"命令,在下级菜单中选择"笔"选项,如图 3.12 所示。在关联菜单的"指针选项"|"墨迹颜色"列表中选择相应的笔触的颜色,如图 3.13 所示。

图 3.11 选择"黑屏"或"白屏"命令

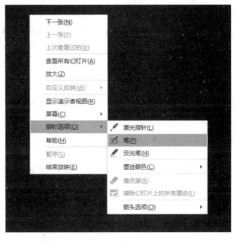

图 3.12 选择"笔"选项

图 3.13 设置笔触颜色

在完成上述设置后,启动录屏软件开始屏幕的录制,教师就可以在当前的黑屏上进行勾画讲解了。如果需要擦除书写的内容,可以右击后选择关联菜单中的"指针选项"|"橡皮擦"命令,如图3.14所示。鼠标指针变为橡皮擦形状,在书写的内容上拖动鼠标可以将其擦除,如图3.15所示。

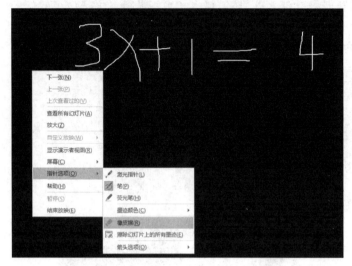

图3.14 书写后选择"橡皮擦"命令　　　　　图3.15 使用橡皮擦擦除书写内容

如果鼠标指针移动到屏幕左下角,会出现一行控制按钮,如图3.16所示。在进行全屏录制时,出现的按钮会对录屏画面产生干扰,影响录课效果。在正式录屏前右击屏幕,选择关联菜单中的"指针选项"|"箭头选项"命令,在下级菜单中选择"永久隐藏"命令,可以使这一行按钮永久隐藏,鼠标指针移动到按钮区域按钮也不会出现,如图3.17所示。

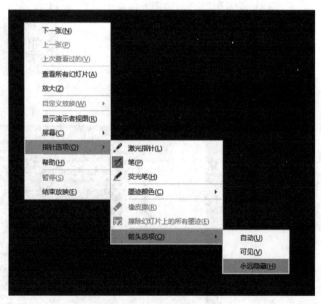

图3.16 屏幕左下角的控制按钮　　　　　图3.17 让按钮永久隐藏

3.2.2 微课 PPT 播放的控制

对于录屏软件+PPT 这种微课制作模式,教师在录制微课时,除了讲解之外,还需要对 PPT 课件的播放进行控制。如果对 PPT 课件播放进度不能自如地进行控制,教师在录课时就难免手忙脚乱,容易出错,从而影响微课的录制效率。

在使用录屏方式录制微课时,控制 PPT 课件的播放最好是使用快捷键。PowerPoint 演示文稿播放时,鼠标单击动作可以实现翻页,同时也能触发当前页面中的动画。使用键盘上的 Page Down 键能实现向后翻页,使用 Page Up 键可以实现向前翻页。在录屏时,建议使用快捷键来控制微课 PPT,这样可以避免鼠标指针的移动对微课视频画面的影响。

1. 添加备注

在录制微课时,很多老师都有忘词的经历。PowerPoint 具有为每一张幻灯片添加备注的能力,在录制微课视频时,可以利用备注来对教师的讲解和操作进行提示。教师也可以将讲课稿制作成备注,录课时按照备注讲稿来讲解。

为 PPT 课件中的幻灯片添加备注,可以使用下面的方法来进行操作:在"视图"选项卡的"演示文稿视图"组中单击"备注页"按钮,如图 3.18 所示。此时将进入备注页视图,在幻灯片的下方出现备注输入框。在输入框中输入备注内容即可,如图 3.19 所示。添加的备注,并没有被添加到幻灯片中,在普通视图中是看不到也无法进行编辑的。在幻灯片放映时,屏幕上也是不会显示备注内容的。

图 3.18 单击"备注页"按钮

2. 使用演示者视图进行播放控制

PowerPoint 提供了一个演示者视图,该视图模式能够在放映幻灯片的时候为用户提供一个播放控制台,使用该控制台能够方便地对课件的播放进行控制。演示者视图必须在双屏模式下才能使用,需要一台能够支持双显示器显示的计算机和两台显示器。对于普通教师来说,

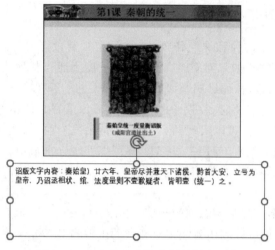

图 3.19　在备注文本框中输入备注文字

最廉价的解决方案就是使用一台笔记本电脑加一个 VGA 显示器的模式。

借助于演示者视图来对课件播放进行控制时，首先需要进行相关的设置。下面介绍 Windows 10 平台上使用 PowerPoint 2016 进行微课 PPT 播放时的设置方法。

（1）当前的笔记本电脑均带有 VGA 接口，可以直接与显示器连接，将屏幕显示扩展到显示器上，如图 3.20 所示。

（2）在计算机桌面上右击，这里笔者使用的是 Windows 10 操作系统，在关联菜单中选择"图形选项"|

图 3.20　连接笔记本电脑和显示器

"输出至"命令，在打开的下级列表中选择"扩展桌面"选项，在其下级列表中选择"内置显示器＋监视器"选项，如图 3.21 所示。

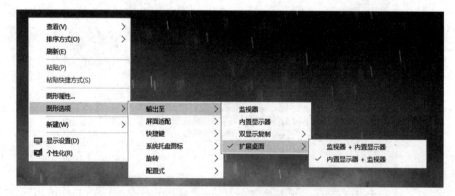

图 3.21　选择"内置显示器＋监视器"选项

（3）在录屏时，有时需要对显示器的分辨率进行设置。此时可以在桌面的关联菜单中选择"显示设置"命令，打开"设置"对话框，在对话框中单击"高级显示设置"选项，如图 3.22 所示。在"自定义显示器"栏中选择显示器后，即可对该显示器的分辨率进行设置，如图 3.23 所示。

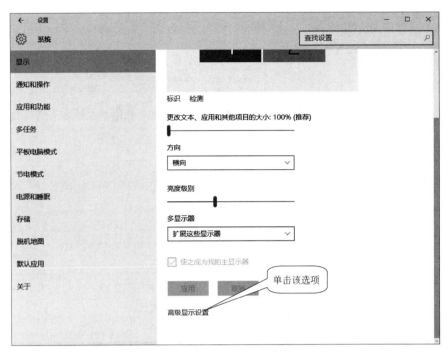

图 3.22　单击"高级显示设置"选项

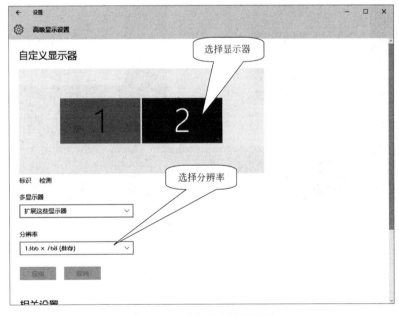

图 3.23　对分辨率进行设置

（4）启动 PowerPoint 并打开课件,在"幻灯片放映"选项卡的"监视器"组中选中"使用演示者视图"复选框,如图 3.24 所示。开始播放课件时,PowerPoint 将会在一个显示器的屏幕上显示幻灯片内容,在另一个显示器的屏幕上显示播放控制台,如图 3.25 所示。

这种在演示者视图模式下进行的微课录屏是十分方便的,控制台与演示的内容分别位于两个屏幕上,对课件播放的所有控制可以使用鼠标在控制台上进行,避免了鼠标的各种操作对

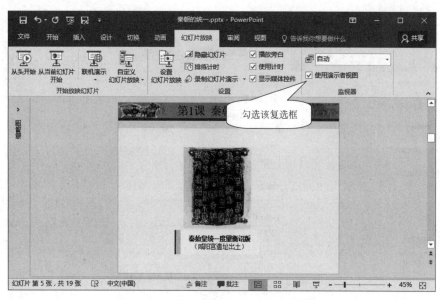

图3.24 选中"使用演示者视图"复选框

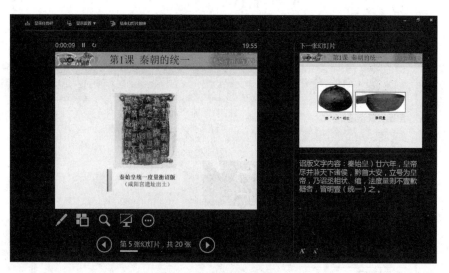

图3.25 显示播放控制台

演示内容的干扰。添加的备注内容只能在控制台中看到,这样可以很好地对讲解进行提示。控制台中可以预览下一张幻灯片的内容,让授课者对接下来要讲解的内容做到心中有数。

教师在使用录屏软件录制微课时,首先放映微课PPT,启动录屏软件后将录屏区域指定为另一个屏幕上的PPT内容区域,如图3.26所示。完成设置后,开始微课的录制,在控制台上控制PPT的播放。

在控制台中单击当前幻灯片窗口,可以触发当前幻灯片中的动画。单击箭头按钮 ▶ 和 ◀ 可以方便地实现翻页。在控制台中单击"笔和激光笔"按钮,在菜单中选择"笔"选项后设置笔触的颜色,就可以直接在控制台的幻灯片中进行勾画,所有的勾画将同时在放映幻灯片的屏幕上显示,如图3.27所示。

在控制台中单击"放大到幻灯片"按钮,鼠标指针变为放大镜形状,指针周围是一个矩形

图 3.26 设置录屏区域

图 3.27 在控制台中进行勾画

框。使用该矩形框在控制台中框住需要放大的图像,如图 3.28 所示。单击幻灯片,另一个屏幕上对应的区域将被放大显示,如图 3.29 所示。此时控制台上鼠标指针变为手形,拖动幻灯片改变其位置,如图 3.30 所示。放映屏幕上对应的图像位置也将同步发生改变,如图 3.31 所示。按键盘上的 Esc 键将使显示恢复到原始大小。

教师在播放课件时如果需要临时在屏幕上进行书写,只需单击"变黑或还原幻灯片放映"按钮,屏幕将变为黑屏,如图 3.32 所示。使用设置好的笔触直接在控制台的预览区中书写,书写的内容将在另一个屏幕上同步显示。

图 3.28 在控制台上框住需要放大的区域

图 3.29　对应区域将放大

图 3.30　拖动幻灯片改变其位置

图 3.31　放映屏幕上显示位置也将改变

图 3.32　让屏幕变为黑屏

3.2.3　用 PowerPoint 录制微课

使用录屏软件＋PowerPoint 来录制微课时，通常做法是放映 PPT 课件，启动录屏软件录制屏幕上显示的课件内容。这种录制微课的模式的关键操作有两个，一个是教师播放课件并讲解，另一个是录制播放的课件和教师的讲解语音。实际上，只运行 PowerPoint 就能够完成上述两个工作。

1. 在 PowerPoint 中使用录屏插件

PowerPoint 具有插件功能，如果录屏软件本身也支持 PowerPoint 插件功能的话，可以通过使用插件的形式来进行录屏，这减少了每次启动录屏软件的麻烦。在使用录屏软件插件的时候，首先需要正确安装录屏软件，同时要在 PowerPoint 中添加录屏软件加载项。下面以使用 Camtasia Studio 插件录屏为例，介绍在 PowerPoint 2016 中加载项的添加方法。

（1）启动 PowerPoint 并打开制作完成的微课 PPT，打开"文件"窗口。在左侧列表中选择"选项"选项，如图 3.33 所示。

（2）此时将打开"PowerPoint 选项"对话框，在对话框左侧列表中选择"加载项"选项，单击

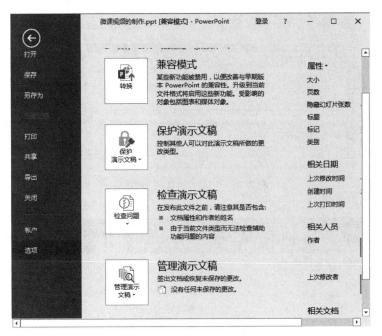

图 3.33　选择"选项"选项

"转到"按钮,如图 3.34 所示。此时将打开"COM 加载项"对话框,在对话框的列表中选中 Camtasia Add-in 复选框,如图 3.35 所示。单击"添加"按钮添加该加载项。

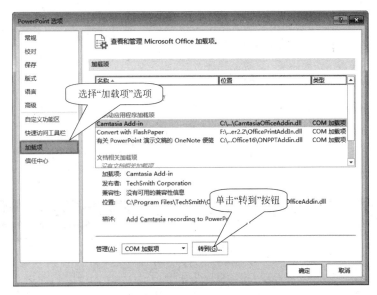

图 3.34　"PowerPoint 选项"对话框

完成上述操作后,在 PowerPoint 程序窗口中将添加一个"加载项"选项卡,打开该选项卡可以看到相关的操作按钮。单击其中的"录制"按钮,如图 3.36 所示,课件将开始播放,同时 Camtasia Studio Recorder 将启动,教师即可开始录课。

2. 使用 PowerPoint 录屏

PowerPoint 2016 具有录屏功能。在使用 PowerPoint 制作完成微课 PPT 后,完全可以抛

图 3.35 "COM 加载项"对话框

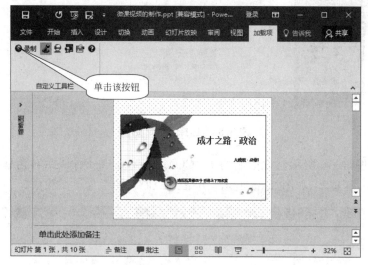

图 3.36 单击"加载项"选项卡中的"录制"按钮

弃第三方录屏软件,直接使用 PowerPoint 来录制微课视频。

(1) 启动 PowerPoint,创建一个空白的演示文稿。使用 PowerPoint 打开录制微课所需要的课件并放映。在空白演示文稿所在的 PowerPoint 程序窗口中打开"插入"选项卡,在"媒体"组中单击"屏幕录制"按钮,如图 3.37 所示。

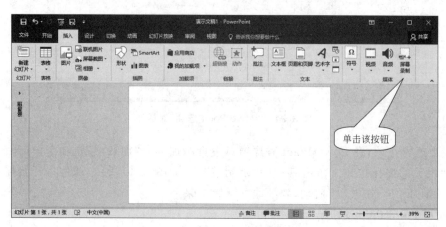

图 3.37 单击"屏幕录制"按钮

（2）此时在屏幕上方将出现 PowerPoint 的录屏工具栏,如图 3.38 所示。在工具栏中单击"选择区域"按钮,拖动鼠标框选出幻灯片的放映区域作为录屏区域。录屏区域将以红色的虚线框表示,如图 3.39 所示。

图 3.38　PowerPoint 的录屏工具栏

图 3.39　框选出录屏区域

（3）完成录屏区域的选择后,在录屏工具栏中单击"录制"按钮,PowerPoint 给出倒计时提示,如图 3.40 所示。在完成倒计时后即开始录屏,教师可以一边操作课件一边进行讲解。

图 3.40　显示倒计时提示

（4）在微课录制过程中，录屏工具栏中将显示视频录制时间，如图3.41所示。微课录制完成后，单击"停止"按钮结束屏幕录制。

图3.41　录屏时显示录制时间

 在录制微课时，如果需要录制语音讲解，录屏工具栏中的"音频"按钮应该处于按下状态。如果要录制屏幕上的鼠标指针，"录制指针"按钮也应该处于按下状态。单击录屏工具栏中的"暂停"按钮将暂停视频的录制，再次单击该按钮可以重新开始录屏。

录屏完成后，录制的视频将插入到当前演示文稿的幻灯片中。选择视频后，视频下方会出现播放控制栏，使用该控制栏可以预览录制的视频，如图3.42所示。

图3.42　录制的视频插入到幻灯片中

在PowerPoint中，可以对录制的视频进行简单的编辑。选择视频后，打开"播放"选项卡。在"编辑"组中单击"剪裁视频"按钮，如图3.43所示。此时将打开"剪裁视频"对话框，使用该对话框可以对视频进行裁剪，如图3.44所示。

打开"格式"选项卡，单击"调整"组中的"更正"按钮。在打开的列表中选择"视频更正选项"选项，打开"设置视频格式"窗口，在该窗格中对视频的亮度和对比度进行调整，如图3.45所示。

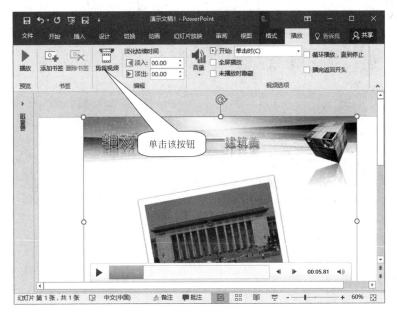

图 3.43 单击"剪裁视频"按钮

图 3.44 "剪裁视频"对话框

这里需要的是录制和处理完成的微课视频,不是带有该视频的演示文稿,因此需要将视频导出。在幻灯片中右击视频,选择关联菜单中的"将媒体另存为"命令,打开"将媒体另存为"对话框,在对话框中设置视频保存的文件夹和文件名,单击"保存"按钮,即可获得需要的微课视频,如图 3.46 所示。

图 3.45 调整视频的对比度和亮度

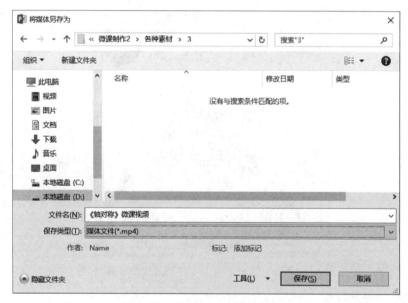

图 3.46 "将媒体另存为"对话框

 这里要注意的是,在对插入幻灯片的视频进行保存时,只能保存为 MP4 文件格式,如果需要其他文件格式,需要使用软件转换视频格式。另外,使用 PowerPoint 录制 PowerPoint 课件时,最好采用笔记本和外挂显示器的双屏显示模式,这样操作起来更加方便快捷。

3.3 使用 PowerPoint 来制作微课

在制作微课时,PowerPoint 是必不可少的,教师使用它来整合文字、图像和动画等资源。利用 PowerPoint 可以制作出 PPT 课件,作为重要的教学元素出现在微课视频中。但是,很少有教师注意到,PowerPoint 是可以直接制作微课视频的。下面将介绍使用 PowerPoint 来制作微课的一些经验技巧。

3.3.1 直接用 PowerPoint 制作微课

使用 PowerPoint 制作微课有其独有的优势,PowerPoint 能够方便地制作各种动画效果,同时它能够在文字处理、图形绘制和图像处理上具有比大多数视频编辑软件更强的能力。PowerPoint 是广大教师用于制作多媒体课件最常用的工具,几乎所有的教师都有使用它制作课件的经历,因此教师在使用上不存在任何问题。

在制作微课视频时,很多时候教师都是在放映 PPT 的同时使用录屏软件来进行录屏。从 PowerPoint 2010 开始,PowerPoint 可以直接将演示文稿输出为 MP4 和 WMV 格式的视频文件,这使得使用 PowerPoint 可以直接制作微课视频。教师使用 PowerPoint 完成 PPT 的制作,然后将其保存为视频文件格式就可以获得微课视频。下面以 PowerPoint 的最新版本 PowerPoint 2016 为例来介绍具体的操作方法。

(1) 启动 PowerPoint,完成课件的制作。在 PowerPoint 程序窗口中单击"文件"标签打开"文件"窗口,在左侧列表中选择"导出"选项。此时在窗口中间的"导出"列表中选择"创建视频"选项,在右侧出现的"创建视频"栏中对视频创建进行设置。这里首先设置视频输出质量,视频输出质量决定了视频文件的大小,如图 3.47 所示。

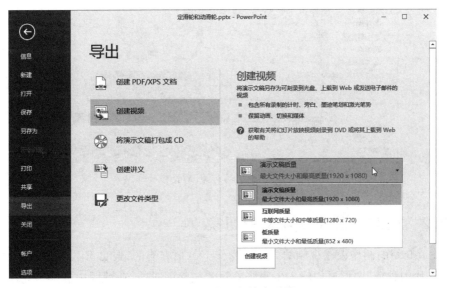

图 3.47 设置视频输出质量

(2) PowerPoint 课件在放映时,可以通过鼠标单击来控制幻灯片切换,但是在视频中这种交互是无法实现的。在视频中,可以通过设置每张幻灯片的显示时长来实现场景的切换。这里,在"放映每张幻灯片的秒数"微调框中输入时间值进行设置,如图3.48所示。

图 3.48 设置每张幻灯片放映的秒数

(3)完成设置后单击"创建视频"按钮,打开"另存为"对话框,使用该对话框指定视频保存的文件夹、文件名和视频文件格式。这里,PowerPoint 只能生成 MP4 和 WMV 文件格式,如图 3.49 所示。完成设置后单击"保存"按钮,即可将演示文稿输出为视频文件。

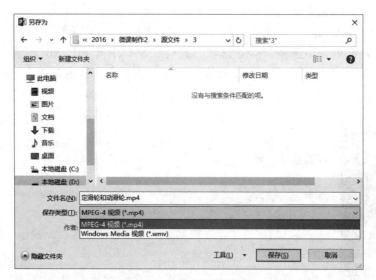

图 3.49 "另存为"对话框

3.3.2 根据需要控制场景的切换

3.3.1 节介绍的制作微课视频的方法在操作上是很方便的,但也有其局限性。由于在"放映每张幻灯片的秒数"微调框中输入了每张幻灯片放映的时间,在视频中每张幻灯片都将按照这个设置的时长来放映。这种方式对于每个场景展示的时间都相同的微课视频是可以的,但是在很多时候,对于微课视频来说,不同场景中展示内容需要显示的时长是不同的。

在微课视频中,当画面中需要显示的内容较多或是需要留给学生一定的思考时间时,画面显示的时长就应该长一些。如果画面仅仅是一个过渡,则该画面停留的时间就会短些。要解决这个问题,就需要对幻灯片的显示时长进行设置,PowerPoint可以通过设置排练计时来安排好每张幻灯片在视频中的停留时间,具体的操作步骤如下。

(1) 在完成课件制作后,打开"幻灯片放映"选项卡,在"设置"组中单击"排练计时"按钮,如图3.50所示。

图3.50　单击"排练计时"按钮

(2) 此时将进入幻灯片放映视图,在视图中将出现一个"录制"工具栏,该工具栏中显示演示文稿放映的总时间和当前幻灯片的放映时间,如图3.51所示。当该幻灯片的放映时间达到了需要的时间后,切换到下一张幻灯片。

图3.51　幻灯片放映时出现"录制"工具栏

(3) 按照每张幻灯片的计划放映时间放映演示文稿,所有幻灯片放映完成后,PowerPoint会给出提示对话框,单击对话框中的"是"按钮保存放映计时,如图3.52所示。演示文稿的放映计时将被保存。

图 3.52 保存放映计时

有时候,在进行了一次排练计时后,幻灯片的放映时长无法达到要求,此时需要对某些幻灯片的播放时长进行修改。在 PowerPoint 程序窗口中打开"视图"选项卡,在"演示文稿视图"组中单击"幻灯片浏览"按钮,切换到幻灯片浏览视图,每张幻灯片下方将显示该幻灯片的显示时长,如图 3.53 所示。选择需要修改显示时长的幻灯片,打开"切换"选项卡,在"计时"组中选中"设置自动换片时间"复选框,在其后的微调框中输入数值后,按 Enter 键,即可更改该幻灯片的显示时长,如图 3.54 所示。

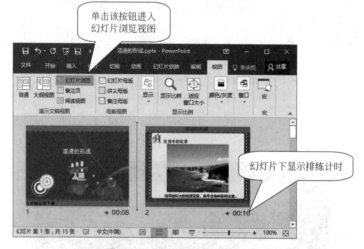

图 3.53 进入幻灯片浏览视图

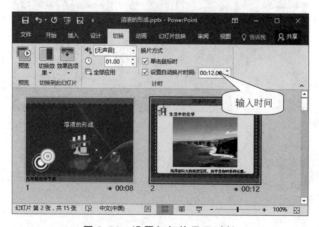

图 3.54 设置幻灯片显示时长

在完成上述设置后,打开"文件"窗口,在对创建的视频进行设置时,选择"使用录制的计时和旁白"这个选项,如图 3.55 所示。这样,课件在导出为视频时就会按照排练计时自动切换幻灯片,从而实现不同幻灯片在视频中以不同时长显示。

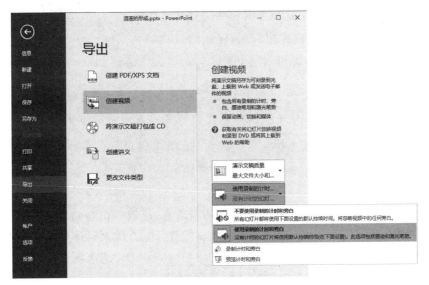

图 3.55　选择"使用录制的计时和旁白"选项

3.3.3　录制语音讲解

除了纯演示型的微课视频之外,大多数的微课视频都离不开教师的讲解。在使用 PowerPoint 制作微课视频时,也可以向演示文稿中插入教师的讲解语音,常用的有下面两种方法。

1. 以旁白的形式插入

PowerPoint 能够录制来自麦克风的语音并将其插入到幻灯片中,这种语音称为旁白。在完成幻灯片的制作后,教师可以向幻灯片中添加旁白,来实现语音讲解,具体的操作如下。

(1)选择需要添加旁白的幻灯片,在"幻灯片放映"选项卡的"设置"组中单击"录制幻灯片演示"按钮上的下三角按钮,在打开的列表中选择"从当前幻灯片开始录制"选项,如图 3.56 所示。

图 3.56　选择"从当前幻灯片开始录制"选项

（2）此时将打开"录制幻灯片演示"对话框，在对话框中选中需要录制的内容。这里应该选中"旁白、墨迹和激光笔"复选框以录制旁白，如图3.57所示。单击"开始录制"按钮，PowerPoint将进入幻灯片放映视图放映幻灯片。此时，教师对着麦克风进行讲解，讲解完成后，停止幻灯片的播放，针对该幻灯片的语音讲解即可录制下来。

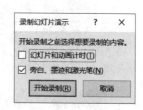

图3.57 选中"旁白、墨迹和激光笔"复选框

 在"录制幻灯片演示"列表中如果选择"从头开始录制"选项，演示文稿将从第一张幻灯片开始播放，在播放的过程中教师可以为当前播放的幻灯片添加语音旁白。

完成旁白插入后，将PPT导出为视频文件，导出时的设置如图3.55所示。

2. 插入录音

在对幻灯片进行编辑时，PowerPoint允许录制语音，录制的语音将作为声音直接插入到当前的幻灯片中。利用这一功能，教师可以在编辑幻灯片时直接录制针对幻灯片内容的讲解。

（1）在PowerPoint中选择需要添加讲解的幻灯片，在"插入"选项卡的"媒体"组中单击"音频"按钮，在打开的列表中选择"录制音频"选项，如图3.58所示。

图3.58 选择"录制音频"选项

（2）此时将打开"录制声音"对话框，在对话框的"名称"文本框中输入录制声音的名称，单击对话框中的 ● 按钮即可开始录音，如图3.59所示。此时教师可以开始讲解，对话框中显示录音的时长，如图3.60所示。讲解完成后，单击对话框中的 ■ 按钮停止录音。单击"确定"按钮关闭对话框，录制的声音直接插入到幻灯片中，这样就完成了当前幻灯片的讲解语音的录制。

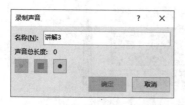

图3.59 "录制声音"对话框

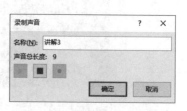

图3.60 对话框中显示录音时长

在幻灯片中插入声音时,幻灯片中会显示声音图标。将鼠标指针放置到图表上将会显示一个浮动控制栏,控制栏提供了对声音播放的控制,如图 3.61 所示。默认情况下,只有单击控制栏中的"播放"按钮 ▶,声音才会播放。

图 3.61　显示声音浮动控制栏

在将课件导出为视频时,这里的交互肯定就无法实现了。为了能够在获得的微课视频中听到讲解语音,需要让声音自动播放。同时为了避免图标对画面的干扰,还需要隐藏声音图标。在幻灯片中选择声音图标,在"播放"选项卡的"音频选项"组的"开始"列表中选择"自动"选项,这样当播放该幻灯片时声音将自动播放。选中"放映时隐藏"复选框,使声音图标在放映时自动隐藏,如图 3.62 所示。

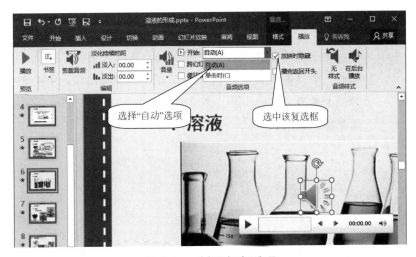

图 3.62　选择"自动"选项

第4章
小试牛刀——用Camtasia Studio "录"视频

对于普通教师来说，使用个人计算机录制屏幕是制作微课视频的一个简单而有效的手段，Camtasia Studio无疑是完成这项任务的一个最为实用的工具。本章将介绍使用Camtasia Studio进行屏幕录制操作的有关知识。

本章主要内容：
- 视频录制前的准备
- 视频录制很简单
- 在录屏时添加标记

4.1 视频录制前的准备

Camtasia Studio 是一款功能强大的屏幕录制软件,屏幕录制操作并不复杂。为了能够顺利地录制出满足需要的视频,在录屏前可以根据需要进行相应的设置。

4.1.1 你想录哪儿就能录哪儿——设置录屏区域

Camtasia Studio 可以方便地录制计算机屏幕上矩形区域的内容,进行屏幕录制前需要指定录屏区域,只有指定区域中的内容才能被录制下来。录屏区域的设置包括设置区域的大小和位置,具体操作分为下面的 3 种情况。

1. 手动控制录屏区域的大小

Camtasia Studio 的录屏区域是屏幕上的一个矩形区域,用户可以利用鼠标拖动方式来绘制这个区域,随心所欲地改变录屏区域的大小。

(1) 启动 Camtasia Studio 并开始屏幕录制,在录制工具栏中单击"自定义"上的下三角箭头按钮,在打开的列表中选择"选择要录制的区域"选项,如图 4.1 所示。

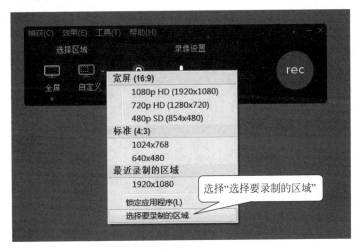

图 4.1 选择"选择要录制的区域"选项

(2) 此时整个屏幕将被闪动的蓝色边框线包围,屏幕上方出现操作提示。在光标处出现交叉的十字线标示光标位置,同时屏幕上出现一个矩形区域显示光标处的放大图,如图 4.2 所示。此时拖动鼠标即可绘制出矩形的录屏区域。

(3) Camtasia Studio 使用带有控制柄的虚线框来标示录屏区域,线框内的内容将被录制下来。在设置录屏区域时,也可以拖动控制柄来直接调整这个录制区域的大小,拖动位于线框中心的箭头按钮来改变线框在屏幕上的位置,如图 4.3 所示。

2. 精确设置录屏区域的大小

利用鼠标绘制录屏区域的优势在于操作方便,然而对于一些特殊大小的录屏区域使用鼠标进行设置无法做到 100% 的准确。此时可以通过输入数值来进行精确设置。

(1) 在录制工具栏的"尺寸"文本框中分别输入数值设置录屏区域的长度和宽度,则绿色虚线区域会自动进行调整,如图 4.4 所示。

图 4.2 开始绘制录屏区域

图 4.3 对录屏区域进行调整

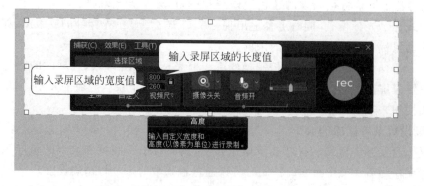

图 4.4 输入数值设置录屏区域的长度和宽度

(2)单击"锁定"按钮能够锁定录屏区域的长宽比,如图4.5所示。此时在"尺寸"文本框中只需要输入长度或宽度中的一个值,Camtasia Studio 将按照原来的长宽比自动更改为另一个值。

图4.5 锁定长宽比

在录制工具栏中单击"全屏幕"按钮,录屏区域将设置为当前显示器的全屏区域。单击"自定义"按钮上的下三角按钮,在打开的列表中列出了宽屏幕和标准屏幕的尺寸大小,选择相应的选项可以将录屏区域设置为预设的大小。同时,在列表的"最近录制的区域"栏中还列出了最近使用过的录屏大小,可以直接选择使用,如图4.6所示。

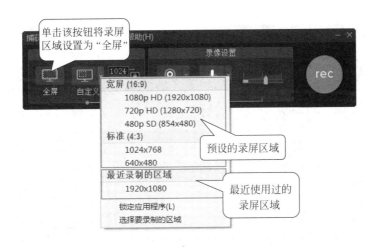

图4.6 "全屏幕"和预设录屏区域大小

3. 锁定应用程序窗口

在制作微课视频时,如果录屏区域需要包括应用程序窗口,那么使用鼠标来精确绘制包含程序窗口的录制框就不是一件容易的事情。同时,如果是鼠标绘制的录屏区域,当程序窗口的位置发生改变后,还需要重新对录屏区域进行调整,十分麻烦。要解决这个问题,最高效的方法是使用Camtasia Studio的锁定程序窗口功能。

(1)首先激活应用程序,然后在录制工具栏中单击"自定义"按钮上的下三角按钮,在打开的列表中勾选"锁定应用程序"选项,如图4.7所示。

(2)此时应用程序窗口将自动更改为录屏区域的大小,应用程序窗口自动被录制框框住,如图4.8所示。在锁定应用程序窗口情况下调整应用程序窗口的大小和位置,录制框的大小和位置也会自动进行调整,录制框将一直框住应用程序窗口。如果应用程序处于最小化状态,在开始视频录制时,应用程序将会自动激活,窗口出现在录制框中。

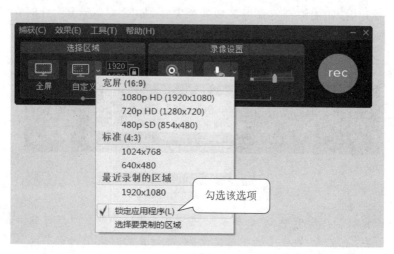

图 4.7 锁定到应用程序

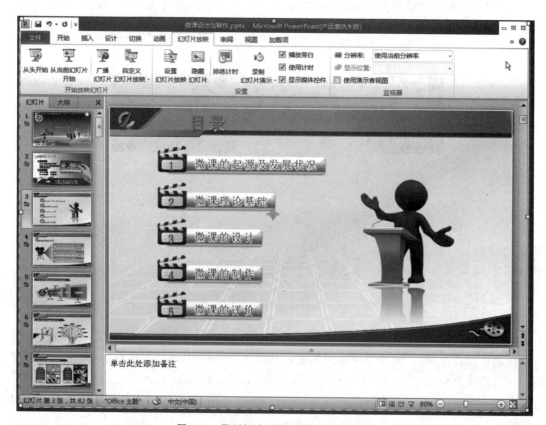

图 4.8 录制框自动框住应用程序窗口

4.1.2 对录屏操作进行设置

在使用 Camtasia Studio 进行视频的录制时,为了方便录制操作,提高视频录制的效率,需要进行一些必要的设置。

1. 让录制工具栏显示操作提示

在进行录屏操作时，初学者往往无法在录制工具栏上找到需要使用的工具按钮，从而影响操作效率。此时可以通过设置让录制工具栏上的操作按钮显示提示信息，从而快速地了解其功能，提高操作速度。

在录制面板中选择"工具"|"选项"命令打开"工具选项"对话框，在"常规"选项卡中勾选"显示工具提示"复选框，如图4.9所示。完成设置后，当把鼠标指针放置在录制工具栏的某个按钮上时，将获得该按钮的功能提示，如图4.10所示。

图4.9 勾选"显示工具提示"复选框

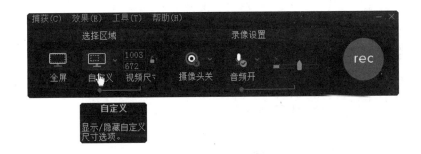

图4.10 获得按钮的功能提示

2. 设置录屏文件的保存方式

在使用Camtasia Studio对屏幕进行录制时，将会产生录制视频的临时文件，操作者可以根据本地计算机上磁盘空间的大小来设置临时文件存放的位置，如图4.11所示。一般情况下，这个文件夹应该设置在一个具有较为充裕磁盘剩余空间的分区上。

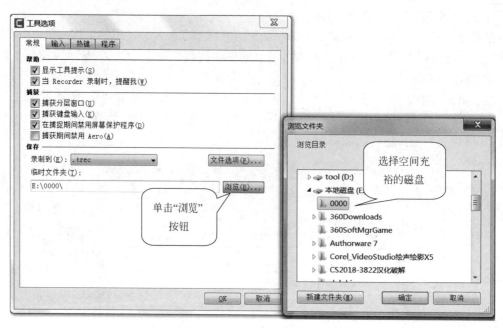

图 4.11 设置临时文件夹

专家点拨 临时文件在当前的项目被关闭后将会被 Camtasia Studio 自动删除,这也就是为什么很多时候打开指定的临时文件夹后用户发现该文件夹中没有文件的原因。

在录制完成一段视频后需要将录制的视频保存下来,保存形式为文件,用户可以选择视频文件保存的格式,如图 4.12 所示。Camtasia Recorder 允许用户将录制的视频片段保存为两种文件格式,一种是大家熟悉的 *.avi 文件格式,另一种是 *.trec 文件格式,这种格式的文件只能在 Camtasia Studio 中打开并进行编辑处理。

图 4.12 选择视频文件的保存格式

在录制微课视频时经常需要将一个微课分为几段来录制,这几段视频往往需要放置在相同的一个文件夹中,同时需要按照一定的命名规则来命名,例如,微课的设计与制作-1、微课的设计与制作-2、微课的设计与制作-3……如果每录制完成一段视频都重新指定保存文件夹和文件名,操作无疑会很麻烦。实际上,用户可以指定一个固定的文件夹并设置命名规则来让程序对视频自动命名保存,具体的设置方法如下。

(1) 在"工具选项"对话框中单击"文件选项"按钮,打开"文件选项"对话框,在该对话框中选择"自动文件名"单选按钮,在"前缀"文本框中输入文件名的前缀。单击"输出文件夹"列表右侧的"浏览文件夹"按钮,打开"浏览文件夹"对话框,在该对话框中选择用于保存录屏文件的文件夹,如图 4.13 所示。

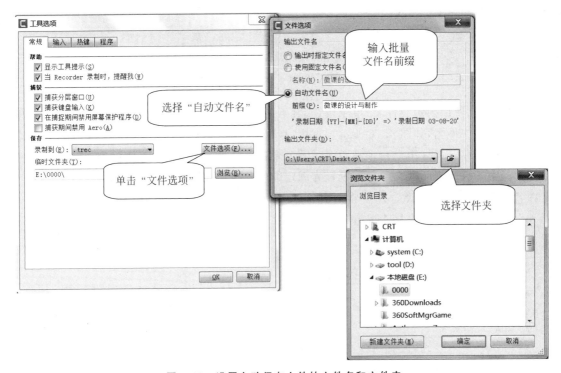

图 4.13　设置自动保存文件的文件名和文件夹

(2) 在完成上述设置后进行屏幕录制。录制的视频片段将以设定的文件格式保存在指定的文件夹中,文件名按照录制的先后顺序加以数字后缀,如图 4.14 所示。

微课的设计与制作 1.trec	2020/3/7 22:50	TechSmith 录制	808 KB
微课的设计与制作 2.trec	2020/3/7 22:51	TechSmith 录制	285 KB
微课的设计与制作.trec	2020/3/7 22:50	TechSmith 录制	2,707 KB

图 4.14　录制完成的视频片段

在"文件选项"对话框中如果选中"输出时指定文件名"单选按钮,则在每次保存录制的视频时程序将打开 Camtasia Recorder 对话框,要求设置文件保存的文件夹和文件名,如图 4.15 所示。

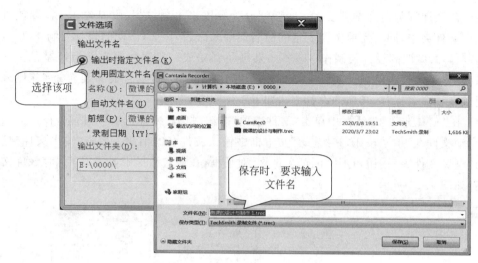

图 4.15 Camtasia Recorder 对话框

如果选中"使用固定文件名"单选按钮,其下的"名称"文本框可用。在该文本框中可以输入需要使用的文件名,如图 4.16 所示。这样,在保存录制的视频时视频文件将使用该文件名对文件进行保存。如果用户在录制微课时需要录制多个视频片段,这里不推荐这种保存文件的方式。由于保存视频的文件名被设置为固定的文件名,在第 2 次保存录制的视频时会出现文件名冲突,Camtasia Recorder 将打开 Camtasia Recorder 对话框,提示文件已经存在,如图 4.17 所示。此时,用户只能单击其中的 OK 按钮,打开 Camtasia Recorder 对话框,重新设置文件名和文件保存的文件夹。

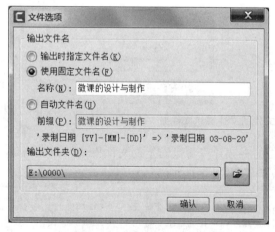

图 4.16 使用固定文件名

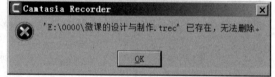

图 4.17 Camtasia Recorder 提示对话框

3. 设置录屏框的样式

在录屏的过程中,默认情况下屏幕上会显示出 4 个闪烁的直角符号,如图 4.18 所示。这 4 个直角符号勾勒出了录屏的区域,能够让用户随时了解录屏范围,使操作不至于出现"越界"的情况。同时,它们的闪烁也提示用户当前录屏正在进行中。

实际上,这个录屏框的样式是可以更改的。在"工具选项"对话框的"程序"选项卡中选择"区域外观"下拉列表中的"长方形"选项。可以将录屏框设置为长方形,如图 4.19 所示。

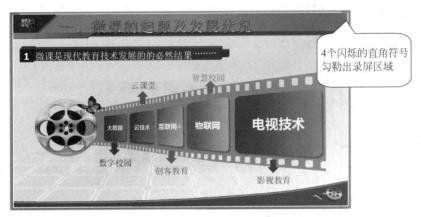

图 4.18　4 个直角符号勾勒出录屏区域

图 4.19　将录屏框设置为长方形

在"区域外观"下拉列表中选择"隐藏"选项,则录制视频时将不会显示录屏框。对于初学者来说不建议选择该选项,因为初学者在没有录屏框提示时很容易忽略录屏区域,从而造成视频录制的失败。另外,如果取消选中"发光捕捉矩形"复选框,则录制框在录屏时将不再闪烁。

4. 为开始录制预留时间

Camtasia Studio 从用户发出录制命令到正式开始屏幕录制有一个 3 秒的延迟,利用这个时间延迟,可以让用户在正式录制前有一个最后的酝酿和准备的时间,此时 Camtasia Recorder 会在录制框中显示倒计时提示,如图 4.20 所示。

图 4.20 显示倒计时提示

实际上,这个 3 秒的延迟是可以取消的。在"工具选项"对话框的"程序"选项卡中取消选中"录制前显示倒计时"复选框,如图 4.21 所示,则一旦开始录屏将不再出现 3 秒的延时,直接进入屏幕录制状态。

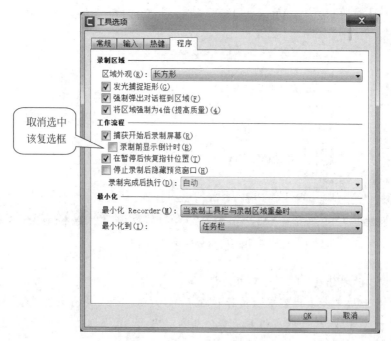

图 4.21 取消显示倒计时

在进行屏幕录制时,用户有时希望能够预留更多时间来为操作做准备,如放置鼠标的位置、调整窗口位置或酝酿朗读的情绪等,此时需要由用户来掌控录屏开始的时机。在这里可以取消选中"捕获开始后录制屏幕"复选框,如图 4.22 所示。这样正式录屏的开始将由用户通过录制工具栏来自主控制,如图 4.23 所示。

图4.22 取消选中"捕获开始后录制屏幕"复选框

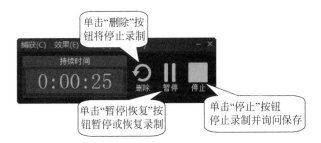

图4.23 通过录制工具栏控制录屏的开始

5. 设置录制完成后的操作

在默认情况下,完成屏幕录制后Camtasia Studio会打开"预览"窗口,在该窗口中播放视频供用户预览,如图4.24所示。如果不需要预览录制的视频,可以在"工具选项"对话框的"程序"选项卡中选中"停止录制后隐藏预览窗口"复选框。由于此时不再出现"预览"窗口,用户需要在"录制完成后执行"列表中设置视频的处理方式,如图4.25所示。

在"录制完成后执行"列表中有4个选项,选择"自动"选项,录制的视频将添加到Camtasia Studio编辑器当前项目的轨道上以供编辑处理;选择"保存"选项,录制的视频将直接保存;选择"生成"选项,录制的视频将自动生成为可播放的视频文件;选择"添加到项目库"选项,录制的视频将放置到Camtasia Studio项目库中,但不会放置到当前项目的轨道上。

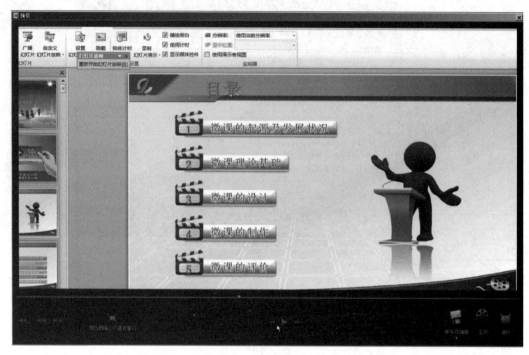

图 4.24 "预览"窗口

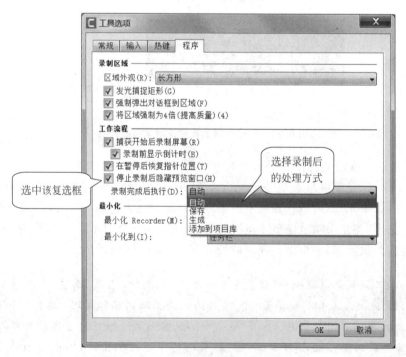

图 4.25 隐藏"预览"窗口

6. 设置操作快捷键

在操作过程中使用快捷键能够极大地提高操作效率,例如,在默认情况下按 F9 键开始屏幕录制,按 F10 键停止屏幕录制。Camtasia Recorder 允许用户根据需要对各种操作自定义快捷键,如图 4.26 所示。

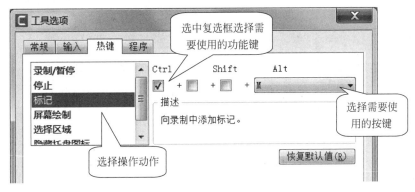

图 4.26 设置快捷键

7. 用录屏工具栏对录屏进行控制

在录制视频的过程中,除了可以用快捷键来控制录屏操作外,还可以使用录制工具栏对录屏进行控制。录制工具栏中主要包括用于录屏操作的各个功能按钮,这些功能按钮是可以根据需要进行添加、删除的。

录屏前在录制面板中选择"工具"|"录制工具栏"命令打开"录制工具栏"对话框,在该对话框中选中相应的复选框即可将该功能按钮添加到工具栏中,如图 4.27 所示。在屏幕录制时,录制工具栏将显示添加的功能按钮,如图 4.28 所示。

图 4.27 "录制工具栏"对话框

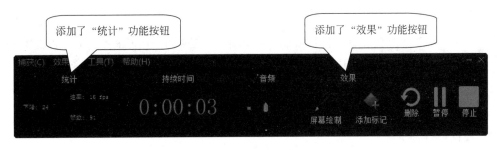

图 4.28 录制工具栏

在"工具选项"对话框的"程序"选项卡的"最小化 Recorder"列表中选择"始终"选项,如图 4.29 所示,则录屏时录屏工具栏将最小化,这样就能够使录屏工具栏不显示。在这里要注意,选择"最小化 Recorder"列表中的另外两个选项均能够使录屏工具栏显示。

图 4.29 最小化录屏工具

4.1.3 不能少了讲解——设置录音设备

在微课视频中,没有教师的讲解是不可想象的。Camtasia Studio 提供了录音的功能,可以录制系统声音和来自麦克风的外部声音。如果要顺利实现录音,需要对软件进行相应的设置。

1. 选择音源

在录制微课视频时,教师往往需要使用麦克风来对相关内容进行讲解。此时,在进行视频录制前需要将声音的输入指定为麦克风。在计算机上连接麦克风后,在录制面板中选择"工具"|"选项"命令,打开"工具选项"对话框,在该对话框的"输入"选项卡的"音频设备"列表中选择"麦克风"或"麦克风阵列"选项,取消选中"录制系统音频"复选框,如图 4.30 所示。这样 Camtasia Recorder 将只录制来自麦克风的声音。

如果只需要录制计算机播放的系统声音,可以在"音频设备"列表中选择"不录制麦克风"选项,同时选中"录制系统音频"复选框。在这里要注意,如果在"音频设备"列表中选择"麦克风"或"麦克风阵列"选项后选中"录制系统音频"复选框,则可以同时录制计算机播放的系统声音和来自麦克风的声音。

2. 设置录音音量

在录制微课时经常会遇到视频中的语音音量偏小,学生听不清楚的情况。如果要解决这

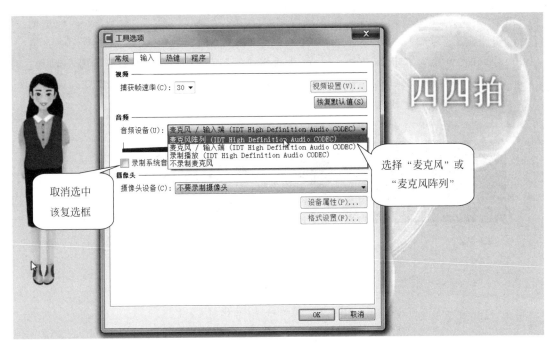

图 4.30 指定录制麦克风的声音

类问题,可以在录音前对录音音量进行调整。

在"工具选项"对话框中有一个录音音量滑轨,当麦克风接收到声音时,滑轨中将显示音量色谱条,该色谱条是绿色→黄色→橙色→红色的渐变色。在录制语音时,放置好麦克风的位置,按照正常语音大小对着麦克风朗读。如果色谱条显示为绿色且其长度随声音而变化,滑块不需要移动位置,也就是说,不需要对录音音量进行调整。如果色谱条一直显示为较短的绿色,则可以将滑块适当左移。如果音量色谱条显示为黄色至橙色范围或黄色至红色范围,则应该将滑块适当右移,如图 4.31 所示。

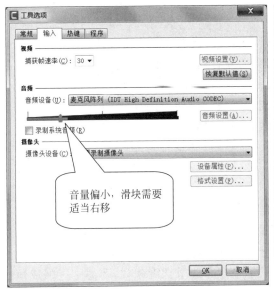
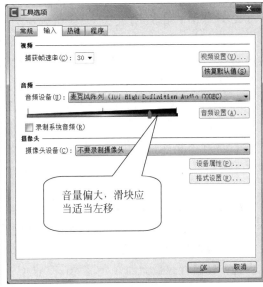

图 4.31 设置录音音量

上面介绍的操作也可以直接在录制工具栏中进行,单击"录制输入"栏中的"音频开"按钮将允许录制声音,其右侧的滑块与"工具选项"对话框中的滑块具有相同的功能。在开启声音录制后,再次单击"音频开"按钮将关闭声音录制功能。单击"音频开"按钮上的下三角按钮,在打开的列表中选择相应的选项可以设置是录制麦克风声音还是系统声音,如图 4.32 所示。

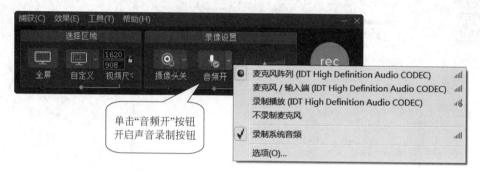

图 4.32 选择录制声音来源

4.2 视频录制很简单

所谓的录屏,实际上就是利用 Camtasia Recorder 将屏幕上的图像和声音记录下来的过程。使用 Camtasia Studio 制作微课视频,录屏是一个重要的步骤。在完成了对录屏的各项设置后就可以开始录屏操作了。

4.2.1 录制时应该注意的问题

在制作微课视频时,视频录制质量的好坏直接关系到微课的教学效果和制作效率。如果视频录制效果好的话,录制的微课视频甚至可以不经过编辑处理直接使用。

1. 录课前的准备

这里的准备主要是包括两个方面,一个是环境,另一个是内容。录课应该选择在一个安静的房间进行,录课环境要保持相对安静且不会受到打扰。这是保证视频录制效率和获得好的录课效果的客观条件。

在进行微课录制前需要对录制的内容做好充分准备。例如,对微课视频中需要展示的重点和突破难点需要使用的技术手段做到心中有数,对画面转换的时间点和所要进行的操作了如指掌,更重要的是应该准备好需要讲解内容的文字材料,熟悉需要讲解的内容,只有这样才能减少录课时的错误和反复,避免出现"说错话"和"忘词"的问题,提高录课效率,真正做到一次过关。

2. 是一次录完还是分段录制

在使用 Camtasia Studio 制作微课视频时可以将整个课程根据内容划分为若干段,对每一段的内容分别进行录制,在 Camtasia Studio 编辑器中对录制的内容进行编辑、合并。

这种录制方式最大的好处是"摊薄"难度。对于很多普通录课者来说,要想一气呵成地完成大段视频的录制而不出错是很难做到的,通过分段录制的方式就能够将录制的难度降到最低。对于时间较长、需要展示较为复杂的操作过程或讲解内容较多的微课,使用分段录制的方式是提高录制效率的一个好办法。

在录制微课视频时也可以使用一次录制完成的方式。为了保证一次就完成视频的录制,录制前应该做好充分的准备,对课程流程、操作和讲解十分熟悉。录制时按照预案进行录制,录制过程中如果出现了错误,可以暂时置之不理,将出错的内容重新录制即可。录制完成后,在Camtasia Studio编辑器中对录制的视频进行编辑,去除掉出错的内容就可以了。

3. 录制前的心理准备

教师在教室中上课是一种"一对多"的模式,这种模式下的一些语言和问题处理方式是不适合微课的。人性化教学是微课制作的一个重要理念,这个理念要求微课视频能够让学生获得"一对一"的有针对性的指导。这里所谓的心理准备,指的是在录课前教师提前进入虚拟的一对一辅导教学情境,并以此酝酿出真实的情感来完成微课的录制。

教师在录制微课时应该主动进入"一对一"辅导的虚拟情境,模拟"一对一"辅导室的状态,想象情真意切地指导一个学生学习的讲述方式,教师的情感、语速和语调与情境相吻合。只有这样,录制出来的视频才会让观看的学生获得娓娓道来和亲切入耳的感觉,从而真正引发他们专注于自主学习,让他们愿意学习。

4. 记住一些操作快捷键

在录课时少不了对录屏进行控制,例如开始、停止或暂停录制等。对于此类操作,使用录制工具栏中的按钮并不是一个好办法,因为使用鼠标来进行这类操作会打断教师授课的思路,增加出错的可能;另一方面,鼠标的移动可能会被录制下来,这种无关的动作在视频中对画面也将形成干扰。

在使用Camtasia Studio录制微课时,常用的操作都可以使用快捷键来进行,例如,按F9键将启动屏幕录制,在屏幕录制中按下该键将暂停屏幕录制,再次按下该键可以重新启动录制,按F10键将能够停止当前视频的录制。

4.2.2 开始录制视频

在完成微课视频录制的各项准备后就可以开始视频的录制了。下面将介绍录屏中的一些操作技巧。

1. 打开录制工具栏

启动Camtasia Studio时,程序会给出一个欢迎窗口,单击其中的"新建录制"按钮即可打开录制工具栏,如图4.33所示。

如果当前正处于视频编辑状态,若想开始视频的录制,可以在Camtasia Studio程序窗口中单击"录制"按钮,如图4.34所示。

2. 开始屏幕录制

在录制工具栏中单击rec按钮或按F9键,Camtasia Studio将开始对选定区域进行录屏,如图4.35所示。此时,用户在录屏区域中的动作以及对内容的解说都将被录制下来。

3. 录屏时的简单操作

在录屏时显示的录制工具栏中,"持续时间"栏将显示录屏时长,用户可以通过它了解视频录制的时间,"统计"栏中显示视频的有关参数信息,如图4.36所示。单击"停止"按钮将停止当前的屏幕录制,单击"删除"按钮将停止当前视频的录制并将录制的结果删除。在录屏时如果需要停顿一下,可以单击"暂停"按钮将录屏暂停,再次单击该按钮将重新开始录屏。

图 4.33 新建录制

图 4.34 单击"录制"按钮

图 4.35 开始屏幕录制

图 4.36 录屏时的录制工具栏

4.2.3 录制完成后的操作

在完成屏幕录制后,默认情况下视频将显示在"预览"窗口中。对录制的这段视频片段,用户可以根据不同的需要采取不同的操作。

1. 保存并进行编辑

在"预览"窗口将显示视频的时长,单击相应的控制按钮可以控制视频的播放,如图 4.37 所示。

如果需要对当前视频进行编辑处理,可以单击"保存并编辑"按钮,Camtasia Recorder 将按照用户前面对于录制视频保存方式的设置,直接对视频命名并保存在指定的文件夹中。此时录制的视频片段也将自动添加到 Camtasia Studio 编辑器的时间轴上供编辑使用,如图 4.38 所示。

单击"保存并编辑"按钮上的下三角按钮,在打开的列表中选择"另存为"命令将打开 Camtasia Recorder 对话框,使用该对话框可以设置视频保存的文件夹和保存的名称,视频保存后将不会插入到 Camtasia Studio 编辑器的时间轴上。

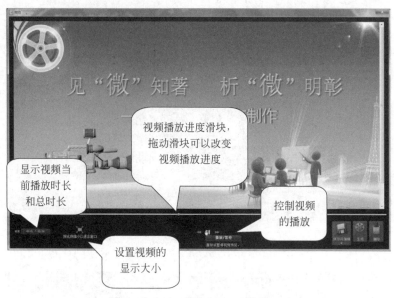

图 4.37 在"预览"窗口预览视频

图 4.38 视频添加到 Camtasia Studio 编辑器的时间轴上

2. 直接生成视频

在默认情况下,录制完成的视频将被保存为 Camtasia Studio 的 .trec 文件格式,这种格式的文件只能被 Camtasia Studio 编辑器打开,只有通过 Camtasia Studio 编辑器渲染后才能生成能够播放的视频文件。

在预览视频后,如果不需要立刻对视频进行编辑,可以直接将其生成为视频文件。单击"预览"对话框中的"生成"按钮,打开"生成向导"对话框,根据向导的提示设置输出文件格式和输出位置,完成设置后生成视频文件,如图 4.39 所示。

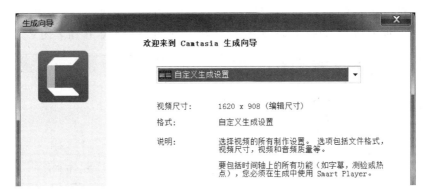

图 4.39 "生成向导"对话框

3. 将录制的视频删除

在预览录制的视频后,如果对视频效果不满意,想要重录这段视频,可以单击"预览"对话框中的"删除"按钮,这样录制的视频将被删除。

4.3 在录屏时添加标记

在视频中有时需要使用各种标记,例如,表示视频播放时间的时间戳,对授课重点进行标注。这些标记可以在视频后期处理时添加,如果用户对样式要求不高的话,也可以在录屏时直接添加。

4.3.1 在视频中添加时间戳

Camtasia Studio 可以为录制的视频添加时间标记,时间标记包括当前的时间和日期。同时,用户可以对时间标记的样式进行设置。对于时间标记的设置可以按照下面的步骤进行操作。

(1) 在录制工具栏中选择"效果"|"选项"命令,打开"效果选项"对话框,在"注释"选项卡的"系统戳记"设置栏中选中相应的复选框设置时间戳包含的内容,如图 4.40 所示。

图 4.40 设置时间戳包含的内容

(2) 在该对话框中单击"时间/日期格式"按钮,打开"时间/日期格式"对话框,使用该对话框设置时间或日期的格式,如图 4.41 所示。完成设置后单击"确认"按钮关闭对话框。

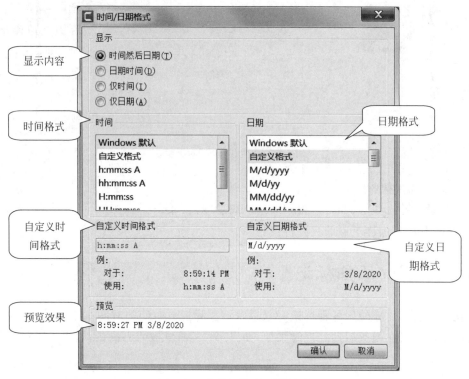

图 4.41 设置日期和时间格式

(3) 在"效果选项"对话框中单击"系统戳记选项"按钮,打开"系统戳记选项"对话框,在该对话框中对文字的样式进行设置,如图 4.42 所示。

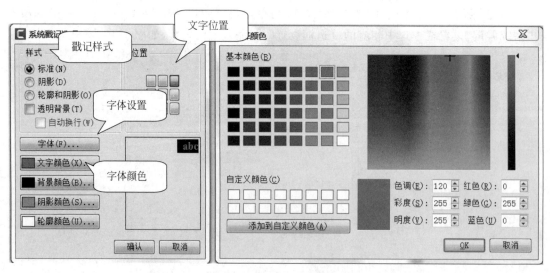

图 4.42 设置文字样式

（4）单击"字体"按钮，打开"选择字体"对话框，对文字的字体和大小等进行设置，如图4.43所示。

图4.43 "选择字体"对话框

（5）在录制工具栏中选择"效果"|"注释"|"添加系统戳记"命令，此时在所录制的视频中将会自动添加时间戳，如图4.44所示。

图4.44 显示时间戳

4.3.2 在视频中添加标题字幕

这里的标题字幕可以是微课视频的标题，也可以是放置于视频边角上的各种说明文字。在完成设置后，录屏时可以自动添加。由于Camtasia Studio功能有限，文字只能设置为常见的样式，而无法获得更为精美的效果。

（1）按照上面的方法打开"效果选项"对话框，单击"字幕选项"按钮，打开"字幕选项"对话框，在该对话框中可以对字幕的样式和放置位置进行设置，如图4.45所示。

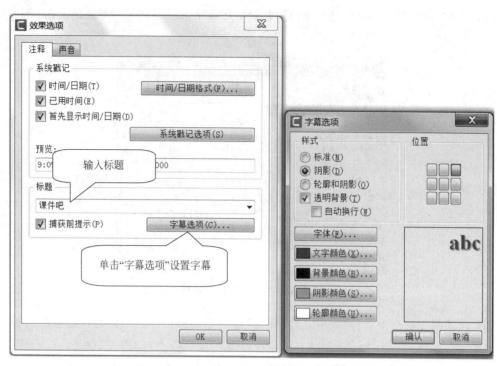

图 4.45 对标题文字的样式进行设置

（2）完成设置后单击"确认"按钮，关闭"效果选项"对话框，在录制工具栏中打开"效果"菜单，在"注释"菜单项的下级菜单中根据需要勾选"添加字幕"选项，则开始录制视频时 Camtasia Recorder 会打开"输入标题"对话框，用户可以在该对话框中修改标题文字，如图 4.46 所示。这样，在录制视频时 Camtasia Recorder 会根据设置自动添加标题文字，如图 4.47 所示。

图 4.46 "输入标题"对话框

图 4.47 在视频中添加标题

专家点拨 在"效果选项"对话框中如果取消选中"捕获前提示"复选框,则在开始视频录制时将不会打开"输入标题"对话框而直接进入视频录制。这种情况下如果要在视频中添加标题文字,则应该在"效果选项"对话框"标题"栏的下拉列表框中输入。

4.3.3 在微课视频中勾画

在录制微课视频时,教师往往希望能够像上课那样,一边讲解一边在屏幕上勾画,从而标示出重点内容,提醒观看的学生注意。Camtasia Studio 允许用户进行屏幕录制时在录制区域中勾画,这些勾画的痕迹会被录制下来。

1. 在录屏时勾画

(1) 在录屏时显示的录制工具栏中单击"效果"栏中的"屏幕绘制"按钮,在"效果"栏中将显示可用的工具,单击工具按钮即可选择该工具,如图 4.48 所示。

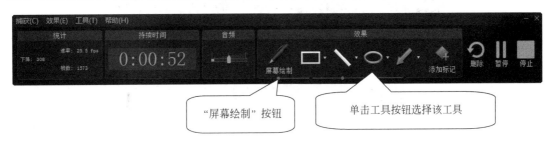

图 4.48 选择屏幕绘制工具

(2) 此时鼠标光标变为笔形,拖动鼠标即可勾画出需要的形状,如图 4.49 所示

图 4.49 在屏幕上勾画

2. 对勾画样式进行设置

Camtasia Recorder 允许在屏幕上绘制线条、直线、箭头、矩形框、椭圆框和矩形的高亮区域,同时用户可以对线条的宽度和颜色、高亮区域的颜色进行设置。

(1) 单击某个工具按钮上的箭头按钮,在打开的列表中选择"工具"选项,在下级列表中选择相应的选项可以指定该按钮所对应的工具,如图 4.50 所示。

(2) 在打开的列表中选择"颜色"选项,在其下级列表中选择相应的选项可以设置绘制图形的颜色,如图 4.51 所示。

(3) 如果选择绘制具有框线的图形,用户除了可以像上面介绍的那样设置线条颜色外,还可以对线条的宽度进行设置,如图 4.52 所示。

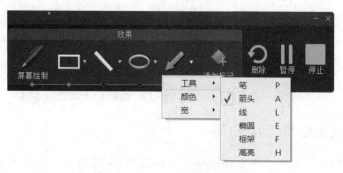

图 4.50 指定工具

图 4.51 设置图形的颜色

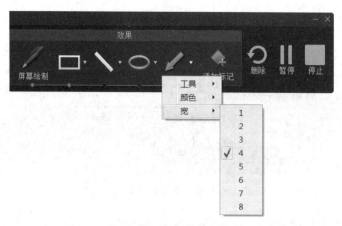

图 4.52 设置线条宽度

　　在录制微课时，建议在预录的时候将绘制工具的形状、颜色和线条宽度设置好，在正式录制时只需要单击相应的工具按钮即可直接使用该工具。这样在正式录制时就不再需要对工具进行设置，从而避免打断录屏。另外，在进行屏幕绘制时，可以使用快捷键来进行操作。按 Ctrl+Shift+D 组合键将打开绘图工具进入绘图状态，再次按 Ctrl+Shift+D 组合键或 Esc 键将退出屏幕绘制状态。如果用户对刚才绘制的图形不满意，可以按 Ctrl+Z 组合键取消当前的操作。

第5章
随心所欲——用Camtasia Studio "编" 微课

在完成微课视频的录制后,应该对录制的视频进行进一步的编辑处理,使用Camtasia Recorder录制的视频片段可以直接置入Camtasia Studio编辑器中进行编辑。Camtasia Studio编辑器能够对视频和声音进行裁剪、增删和移动等操作,通过这些操作使微课的构成更合理,达到更加完美的授课效果。

本章主要内容:
- 认识Camtasia Studio项目
- 编辑视频的常规3招
- 对音频进行处理

5.1 认识 Camtasia Studio 的项目

在 Camtasia Studio 中,所谓的项目指的是进行视频编辑等工作的文件,项目可以包含视频、图像和声音等各种素材,同时包含字幕和特效等元素的参数信息,其是一种扩展名为 .camproj 的文件。项目文件并非影片,只有通过渲染输出才能将项目文件中的所有素材连接在一起,获得可播放的视频。

5.1.1 工作从新建和打开项目开始

Camtasia Studio 编辑器的一切操作都是对项目的操作,新建项目或打开一个已有的项目是进行视频处理的开始。

1. 新建项目

在启动 Camtasia Studio 后,在程序的开始窗口中单击"新建项目"按钮,可以创建一个空白的项目。

在完成对某个项目的编辑后,选择 Camtasia Studio 编辑器窗口中的"文件"|"新建项目"命令(或按 Ctrl+N 组合键)将创建一个空白的新项目。

2. 打开项目

在第一次启动 Camtasia Studio 时,Camtasia Studio 会打开欢迎窗口,如图 5.1 所示。欢迎窗口的"最近项目"列表中列出了最近编辑处理过的项目,选择某个选项即可将其打开。

图 5.1 Camtasia Studio 欢迎窗口

如果需要编辑处理的项目不在这个列表中，可以单击列表中的"打开项目"按钮打开"打开"对话框，如图5.2所示。在该对话框中选择项目文件，然后单击"打开"按钮即可将其打开。

图5.2 "打开"对话框

 在Camtasia Studio的欢迎窗口中取消选中"启动时显示"复选框，则以后启动Camtasia Studio将不再显示这个欢迎窗口。

在Camtasia Studio编辑器中，选择"文件"|"打开项目"命令（或按Ctrl+O组合键），也能够打开"打开"对话框，同样可以使用该对话框选择需要打开的项目文件。在"文件"|"最近项目"列表中列出了最近编辑处理过的8个项目文件，选择后可以将这些项目文件快速打开。

5.1.2 保存项目文件

在对视频项目进行编辑处理后需要将其保存。Camtasia Studio编辑器在项目保存上功能很强大，能够满足各方面的需求。

1. 将项目保存为项目文件

对于一个项目文件，如果是第一次对其进行保存，可以选择"文件"|"保存"命令（或按Ctrl+S组合键），此时将打开"另存为"对话框，使用该对话框可以指定文件保存的文件夹和文件名，如图5.3所示。

如果要改变当前项目文件的文件名和保存位置，可以选择"文件"|"另存为"命令打开"另存为"对话框，更改文件名和保存位置保存文档。

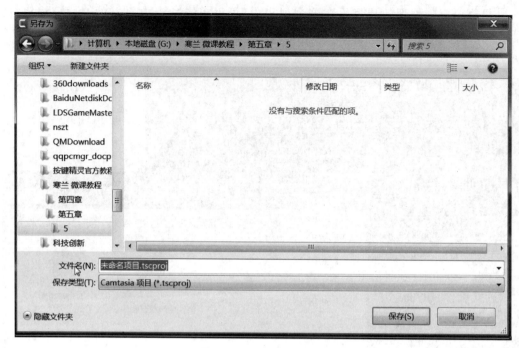

图5.3 "另存为"对话框

2. 项目的自动保存

对微课项目进行编辑处理时可能会遇到一些意外,如程序失去响应、系统死机或意外断电等,如果对项目文件的修改没有及时保存,没有保存的内容将会丢失。因此将项目全部编辑处理完成后再进行保存不是一个好习惯。这里建议每完成一定的操作就使用"保存"命令对文档进行一次保存,这样可以有效地减小因意外造成的损失。

实际上,Camtasia Studio 具有项目文件的自动保存功能,会以一定的时间间隔对项目自动进行保存。用户可以根据需要决定是否开启这个功能,同时对自动保存的时间间隔进行设置,具体的设置方法如下。

在 Camtasia Studio 编辑器中选择"编辑"|"首选项"命令打开"首选项"对话框,在对话框的"程序"选项卡中勾选"自动保存时间间隔"复选框,启用自动保存功能,在其后的微调框中输入数值设置自动保存的时间间隔,如图 5.4 所示。完成设置后单击"确定"按钮关闭对话框即可。

3. 将项目导出为 ZIP 文件

在制作微课时经常需要将在一台计算机上编辑后的源文件拿到另一台计算机上继续进行编辑处理。Camtasia Studio 编辑中打开的项目文件只是一个包含媒体素材信息的信息文件,如果只有扩展名为 *.camproj 的项目文件,而缺少了项目中正在使用的素材文件(如录屏文件 *.trec),Camtasia Studio 会给出提示,如图 5.5 所示。此时如果单击"确定"按钮将会因无法找到项目所需要的素材文件,项目文件也就无法正常编辑了,如图 5.6 所示。

在多人协同制作微课时可能会遇到一个问题,项目中使用的录屏视频较多,在对这个项目经过各种编辑操作后,如果要将项目转移到另一个计算机上进行处理,很难做到随同项目文件移动所有需要的 *.trec 文件而不发生遗漏。实际上,这里有一个简单的方法来解决这个问题,那就是将项目保存为 ZIP 文件。下面介绍具体的操作方法。

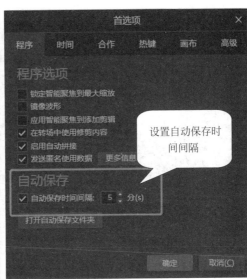

图 5.4 "首选项"对话框

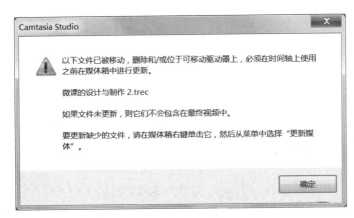

图 5.5 Camtasia Studio 提示

图 5.6 缺少素材文件

(1) 选择"文件"|"导出项目为 ZIP"命令打开"导出 ZIP 格式项目"对话框,在该对话框中选中"包含所有媒体箱文件到 ZIP"复选框后,单击"打开"按钮,在打开的对话框中指定文件保存的文件夹和文件名,如图 5.7 所示。

(2) 分别单击"保存"按钮和"确定"按钮,关闭对话框,此时项目文件被导出为 ZIP 文件,可以看到在这个压缩包中同时包含项目文件以及项目中使用到的录屏文件,如图 5.8 所示。

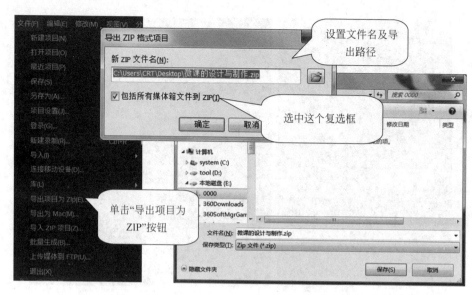

图 5.7 "导出 ZIP 格式项目"对话框

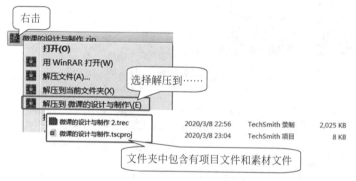

图 5.8 导出的 ZIP 文件

5.2 视频编辑的常规三招

视频的操作是在轨道上进行的,使用 Camtasia Studio 编辑器能够对轨道上的视频片段和各种素材进行剪切、删除和调整播放时间等常规操作。本节将介绍对微课视频进行常规处理的一些技巧。

5.2.1 更改视频的显示样式

在 Camtasia Studio 程序窗口中提供了一个预览窗口,该窗口可以预览视频的处理效果。预览窗口也提供了一些工具,用户可以使用它们改变视频的大小、对视频进行移动和旋转,从而改变视频显示的样式。

1. 调整视频尺寸

在使用 Camtasia Studio 录像机完成视频录制后,录制的视频会添加到 Camtasia Studio 编辑器的时间轴上。在默认情况下视频的大小就是当时录制的大小。有时候需要对视频的大小进行调整,使其符合发布的要求。下面介绍在预览窗口中进行设置的方法。

(1) 打开"5_项目1.tscproj"。预览窗口位于 Camtasia Studio 编辑器的中间,为了便于操作,可以将其独立出来。方法是单击"画布选项"按钮,在弹出的下拉菜单中选择"分离画布"命令,如图5.9所示。

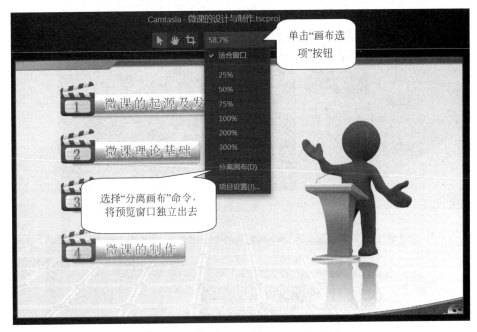

图5.9　将预览窗口从编辑器中独立出来

　预览窗口被分离为独立窗口后,再次单击"画布选项"按钮,在弹出的下拉菜单中选择"固定画布"命令,可以将预览窗口放回到原始位置。在分离状态下,在预览窗口中单击右上角的"全屏"按钮,视频的预览将切换为全屏模式,单击"还原"按钮将退出全屏模式。

(2) 在预览窗口中单击"画布选项"按钮,在弹出的下拉菜单中选择"项目设置"命令,打开"项目设置"对话框,在该对话框中的"画布尺寸"列表中选择相应的选项设置视频的尺寸,如图5.10所示。

(3) 在"项目设置"对话框的"宽度"和"高度"文本框中直接输入数值可以将视频设置为需要的大小,使用该对话框也可以对背景颜色进行设置,如果录制的视频尺寸小于设置的尺寸,就会显露出背景色,如图5.11所示。完成设置后单击"应用"按钮视频大小即更改为指定的尺寸。

2. 裁剪视频

Camtasia Studio 编辑器允许用户对视频大小进行裁剪,裁剪操作同样需要在预览窗口中进行,单击"裁剪"按钮,然后拖动裁剪框中的控制柄调整画面的区域,从而完成裁剪,如图5.12所示。

3. 移动视频

在预览窗口中单击"平移"按钮,选择该工具,使用该工具可以拖动视频改变其在窗口中显示的位置,如图5.13所示。

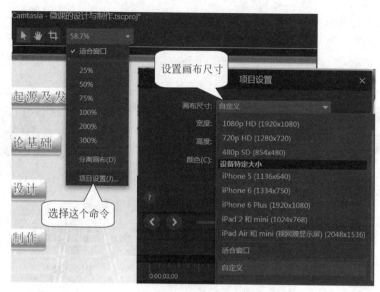

图 5.10 设置视频的尺寸

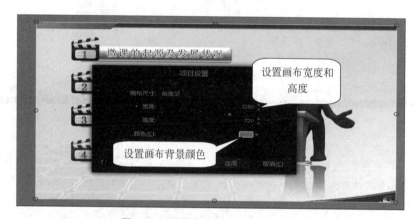

图 5.11 设置视频大小和背景颜色

图 5.12 对视频大小进行裁剪

图 5.13 改变视频显示的位置

 此处对视频位置的调整只是改变其在预览窗口中的显示位置,位置的改变不会对渲染输出的效果产生影响。

4. 直接用鼠标调整视频画面

在预览窗口中单击"编辑"按钮,画面会被带有圆形控制柄的边框包围,此时可以对视频画面的大小和位置进行调整,如图 5.14 所示。

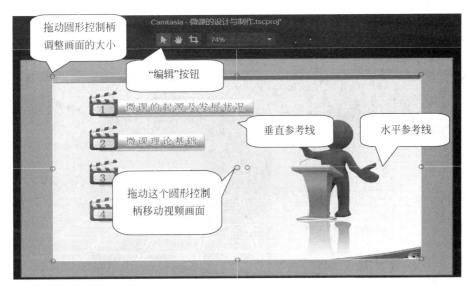

图 5.14 调整画面的大小和位置

 这里要注意,在调整视频画面的位置时,当画面中心在水平中点或垂直中点时预览窗口中才会出现黄色的水平参考线和垂直参考线,通过参考线可以帮助快速定位视频窗口中心的位置。

将鼠标指针放置到视频画面中心右侧的控制柄上,该控制柄变为绿色,此时可以拖动鼠标旋转视频画面,如图 5.15 所示。

图 5.15 旋转视频画面

5. 视频显示比例的缩放

为了更好地对视频进行操作,需要将视频在预览窗口中放大或缩小。此时可以通过设置视频的显示比例来进行操作,如图 5.16 所示。

图 5.16 设置视频的显示比例

专家点拨 这里设置视频的显示比例只是改变其在预览窗口中显示的大小,不会影响视频输出效果。另外,如果选择"适合窗口"选项,视频将自动缩小或放大以适应预览窗口的大小。

5.2.2 对轨道进行操作

非线性编辑不是按照视频素材原有的顺序进行编辑,而是根据需要对素材进行任意的编排和剪辑,其可以在不经过重录其他部分的前提下而直接改变视频中的某个段落,具有操作方便和编辑效率高的优势。非线性编辑需要一个编辑平台,视频素材放置在这个平台上,用户在平台上对其进行各种操作。在 Camtasia Studio 中,轨道就是这个操作的平台。

1. 认识时间轴面板

在 Camtasia Studio 编辑器中,轨道是放置于时间轴面板中的,时间轴面板上提供了众多的功能按钮,可以对轨道以及轨道上的对象进行操作。打开"5_项目2.tscproj",如图 5.17 所示。

图 5.17 时间轴面板的结构

2. 改变对象的层级关系

在默认情况下,Camtasia Studio 将按照媒体对象添加到轨道上的先后顺序来安排轨道,即轨道 2 中的媒体对象后于轨道 1 中的媒体对象添加。在视频播放时,位于上层轨道中的对象层级高,能遮盖下层轨道中的对象。这就是对象的层级关系,如图 5.18 所示。

在对微课视频进行编辑时,如果需要更改对象间的层级关系,只需要改变对象所在轨道就可以了。在 Camtasia Studio 编辑器中可以通过鼠标拖动的方法来改变对象所处的轨道,如图 5.19 所示。在预览窗口中可以看到对象遮盖关系的改变,如图 5.20 所示。

图 5.18 对象的层级关系

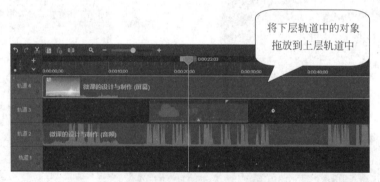

图 5.19 改变对象所处的轨道

图 5.20 对象层级关系发生改变

3. 增删轨道

向项目中添加新的媒体对象一般有两种方式,一种方式是直接将媒体素材拖放到时间轴面板中,Camtasia Studio 将自动在最上层添加新轨道来容纳这个对象;另一种方式是首先添加一个新的空白轨道,如图 5.21 所示,然后将媒体素材放置到这个空白轨道中。

图 5.21 添加空白轨道

在 Camtasia Studio 中如果要删除某个包含内容的轨道,可以在轨道标签上右击,在弹出的菜单中选择"删除轨道"命令,会弹出是否删除有内容的轨道提示,单击"是"按钮即可删除,如图 5.22 所示。

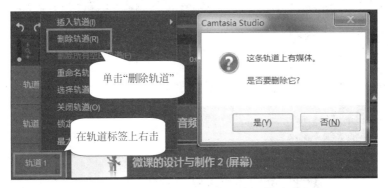

图 5.22 删除包含内容的轨道

 如果要在当前选择轨道的上方或者下方添加空白轨道,可以右击该轨道标签,在弹出的菜单中选择"插入轨道"|"上方"命令或"插入轨道"|"下方"命令。

4. 重命名轨道

如果在微课视频中包含很多媒体素材,那么时间轴面板中必然包含大量的轨道。要想在大量的轨道中找到需要处理的素材,最简单的方法就是对轨道命名。轨道的命名很简单,双击轨道标签就可以修改轨道名。右击轨道名称标签,在弹出的菜单中选择"重命名轨道"命令也可以对该轨道进行重新命名,如图 5.23 所示。

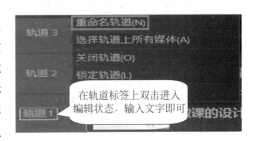

图 5.23 重命名轨道

5. 锁定和关闭轨道

在对项目进行编辑处理时，在预览窗口中通过单击对象来选择对象是一个方便、快捷的方法。如果项目中包含很多对象，这些对象在预览窗口中彼此堆叠在一起，那么使用这种方法容易选错对象。如果要避免这种误操作的情况发生，可以将已经编辑完成或不需要被选择的对象所在的轨道锁定。轨道锁定后，在预览窗口中将无法再选择位于这些轨道中的对象，也无法对它们进行编辑处理，这样就能有效地避免选错对象现象的发生，如图5.24所示。

图 5.24 锁定轨道

当预览窗口中显示的内容较多时，有时会对编辑操作造成干扰，不利于对特定对象进行编辑后的效果预览。此时可以将不需要编辑的内容隐藏，使预览窗口中只显示需要的内容，如图5.25所示。

图 5.25 隐藏不需要显示的内容

 当轨道处于锁定或隐藏状态时，这两个按钮将显示为高亮状态。再次单击这两个按钮可以解除轨道的锁定和隐藏。

6. 放大和缩小轨道

在时间轴面板的工具栏中单击"放大时间轴"按钮、"缩小时间轴"按钮或是直接拖放滑块可以放大或缩小时间轴,单击"放大镜"按钮可以使所有媒体在时间轴上完整显示,如图 5.26 所示。

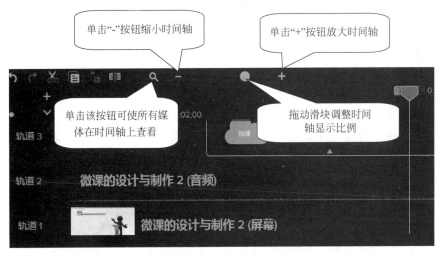

图 5.26 缩放时间轴

 在这里对时间轴的缩放操作实际上是扩大或缩小了时间轴上时间的显示,让对象在轨道上的显示扩大或缩小。扩大时间轴时,时间轴上显示的时间精度变小了,这样更有利于精确定位时间点,让操作更加精细、准确。然而,时间轴并非放大得越大越好,因为当视频很长时,可能需要不断地拖动滚动条来移动时间轴才能找到需要的时间段,这样反而不利于用户快速找到需要的画面。

在时间轴面板中轨道的高度也是可以调整的,通过调整轨道的高度,让某个轨道在面板中占据更大的空间,有助于提高编辑操作的准确性,如图 5.27 所示。

图 5.27 调整轨道的高度

5.2.3 对视频片段进行处理

微课视频制作的一个重要步骤就是对录制完成的视频进行各种编辑操作,例如,视频的复制与粘贴、组合、播放速度的调整等,这些操作可以在 Camtasia Studio 编辑器的时间轴面板中完成。

1. 选择视频片段

在对微课视频进行编辑处理时，很多时候在操作前都需要进行选择，这里的选择操作包括选择视频片段中的某一个部分和选择整个视频片段。如果需要选择轨道上的某个视频片段，只需要单击该视频片段即可。按住 Shift 键，依次单击轨道上的多个视频片段，这些视频片段将会同时被选择。

时间轴面板的时间刻度上有 3 个滑块，中间的滑块为播放头，用于指示当前视频的时间点，在预览窗口中能够同时显示该滑块时间点对应的图像；左侧的绿色滑块为"选择开始"滑块，右侧红色的滑块为"选择结束"滑块。在对视频中某个时间段进行选择时，拖动绿色滑块指定选择区域的起始时间位置，拖动红色滑块指定选择区域的终点时间位置。此时两个滑块之间的视频区域将被选择，选择区域显示为蓝色。在拖动这两个滑块时，Camtasia Studio 编辑器将显示选区时间提示，以方便用户选择，如图 5.28 所示。

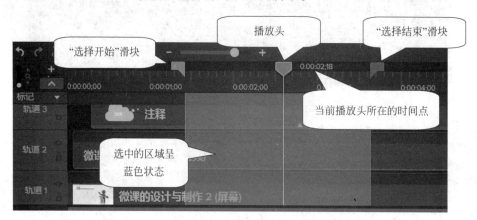

图 5.28 选择视频片段

  在未创建选区时，3 个滑块是吸附在一起的，播放视频或拖动中间的播放头滑块时，这 3 个滑块同时移动以标示当前的位置。在时间刻度上单击，标示播放头滑块将会移动到单击点所在位置。在创建了视频选区后(也就是"开始时间"和"结束时间"滑块之间存在着间隙时)，拖动播放头滑块将不会改变另外两个滑块的位置。双击这 3 个滑块中的任意一个，3 个滑块将重新吸附在一起，选区将取消。

2. 剪切、复制和粘贴视频片段

对象的剪切、复制和粘贴是基本的对象操作，Camtasia Studio 编辑器可以对放置于轨道上的素材片段或视频选区进行这种操作，如图 5.29 所示。

3. 移动视频片段

视频片段在轨道上的排列顺序决定了片段的播放次序，排在前面的视频片段将先播放。有时为了改变视频的播放顺序，需要在轨道上移动视频片段。移动视频片段可以先剪切需要移动的片段，然后将其粘贴到目标位置。

移动视频片段也可以使用鼠标拖动的方式，直接将视频片段拖放到轨道上需要的位置。在这里要注意，如果需要将位于轨道前端的视频片段移动到该轨道中其他视频片段的后面，必须将该视频片段拖动到其他的空白轨道中，在空白轨道中将其移过已有视频片段后再放回当前轨道。在移动视频时，当两段视频的头部和尾部对齐时，时间轴上会显示一条黄色的对齐

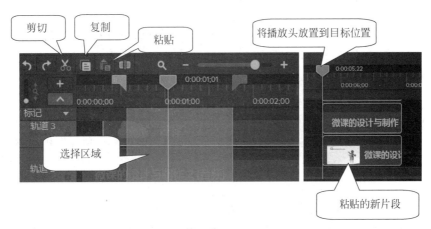

图 5.29 对选择片段进行复制或剪切操作

线,如图 5.30 所示。这样可以保证移动视频时的首尾对齐,不会留下缝隙。

图 5.30 让两段视频首尾对齐

 选择 Camtasia Studio 编辑器的"视图"|"时间轴对齐"命令打开下级列表,在下级列表中勾选相应的选项可以决定在时间轴上显示哪种类型的对齐参考线,如图 5.31 所示。

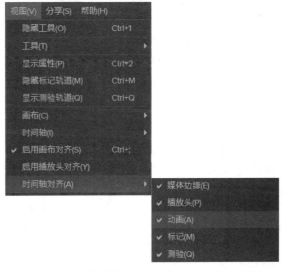

图 5.31 设置时间轴上显示的对齐参考线类型

4. 分割视频片段

在对轨道上的视频片段进行编辑时,有时需要将一个视频片段分割为两个或多个视频片段。例如,在对视频进行编辑时,需要在一个视频片段的某个时间点处插入新的视频片段,此时就需要先把该视频片段分割为两个视频片段,然后将它们移开获得时间空间以插入新的视频片段。

在 Camtasia Studio 编辑器中分割视频片段很简单,首先选择轨道上的视频,将播放头滑块移到需要分割的位置,单击工具栏中的"分割"按钮,选择的视频将在当前位置被分割为两段视频,如图 5.32 所示。

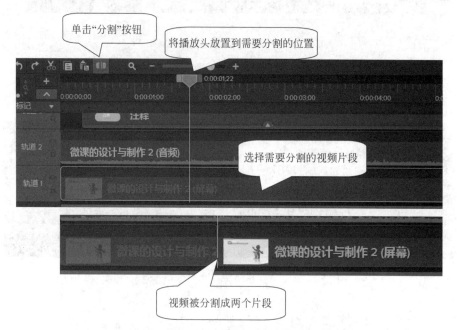

图 5.32 分割视频片段

5. 组合视频片段

在制作微课视频时,轨道存在着过多的片段是不利于操作的,例如,在移动这些视频片段时需要一个一个移动,并且要保证每一段都必须首尾衔接紧密。此时可以将多个视频片段组合为一个视频片段,那么对这些视频片段都要做的操作就只需要做一次就可以了。在时间轴面板中同时选择多个视频片段,然后右击,选择关联菜单中的"组"命令,这些视频片段就会组合为一个视频片段,如图 5.33 所示。

在将多个视频片段组合为一个视频片段后,如果需要单独对组中的某一个视频片段进行编辑处理,不需要将组取消,只需要打开这个组就可以了。编辑后再关闭组即可,如图 5.34 所示。

在对微课视频进行编辑时,轨道上往往会有多个视频片段,将视频片段按照相同的主题分成组,就像文稿中划分章节和段落那样,这样可以使轨道上视频条理清晰易于操作。因此,在完成分组后应该为组添加易于辨识的组名,以方便编辑处理时的识别,使用户能够快速找到需要的视频片段,如图 5.35 所示。

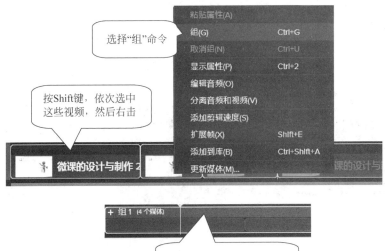

图 5.33 组合视频片段

图 5.34 打开和关闭组

图 5.35 对组重命名

 右击组名,选择关联菜单中的"重命名"命令也可对组进行命名。完成组名输入后,按 Enter 键或在轨道上任意位置单击均可确认输入。要取消分组,可以在轨道上右击组,选择关联菜单中的"取消编组"命令即可。

6. 插入时间

在某个时间点添加新的视频素材时,需要轨道上的这个时间点处存在着一个空白时间段,一种方法是在需要的位置将视频分割开,然后将分割点后的视频片段向右拖移,这样就能够获得一个时间空间。

实际上,Camtasia Studio 编辑器在轨道上插入时间是很简单的。具体的操作方法是在轨道上选择一个时间区域,这个时间区域就是需要的空白时间段的长度,然后在轨道上右击选区,在关联菜单中选择"插入时间"命令,轨道上将会自动插入一个空白时间段,如图5.36所示。

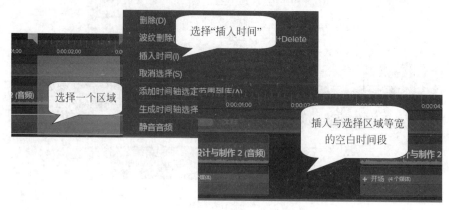

图5.36 插入空白时间段

7. 扩展帧

在Camtasia Studio中,视频片段的播放时长是由其在轨道上的延伸长度决定的,其延伸得越长,播放时间就越长。如果要减少一个画面的显示时间,只需要根据时长在轨道上将视频片段删除掉一部分即可。

如果要延长某个画面的显示时间,可以通过扩展帧来实现。在时间轴面板中将播放头放置到需要的位置,在轨道上的视频片段上右击,选择关联菜单中的"扩展帧"命令,然后在打开的面板中输入持续时间后单击"确定"按钮即可,如图5.37所示。

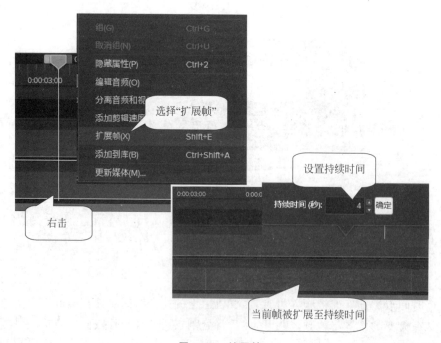

图5.37 扩展帧

在完成扩展帧操作后右击扩展的帧,选择关联菜单中的"持续时间"命令,能够对扩展帧的持续时间进行修改。

8. 更改视频播放速度

在制作微课视频时,为了控制微课播放的时间,可以让某些内容以超过正常播放速度的方式播放。例如,在软件操作类微课视频中展示大量文字输入的过程就不能按照正常速度播放,否则输入一段文字就要好几分钟,这就不是微课了。

在时间轴面板中右击视频片段,选择关联菜单中的"添加剪辑速度"命令,打开"剪辑速度"面板,使用该面板即可对剪辑播放速度进行调整,如图 5.38 所示。

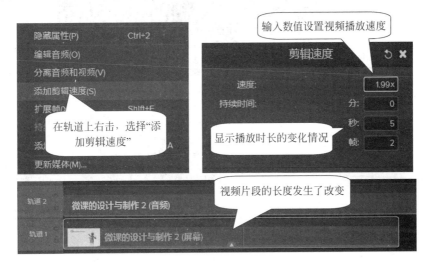

图 5.38　改变视频播放速度

在调整视频播放速度时输入值为 0~101 的值(不含 0),这个值大于 1 则是快进,小于 1 则是慢放,其值越大视频片段的长度就越短,越小则视频片段的长度就越长。

9. 添加时间轴标记

当轨道上放置了大量的视频片段时,如果要辨识这些视频片段,就需要对其进行标记,这些标记会像书签那样让用户快速找到需要的内容。下面介绍在 Camtasia Studio 编辑器中添加标记的方法。

(1) 在时间轴面板中单击"显示或隐藏测验或标记轨道"按钮,勾选"标记"选项,如图 5.39 所示。

图 5.39　勾选"标记"选项

（2）此时将显示标记轨道并进入标记编辑状态，在轨道上的视频片段上方将出现一个半透明的长条，用鼠标在这个长条上单击就可以在单击点处添加一个标记。在添加标记后，标记视图中将显示标记点所在位置画面的缩略图，此时可以直接对标记命名，如图 5.40 所示。

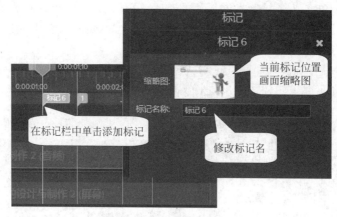

图 5.40　添加标题并命名

 在没有打开标记轨道时，按 Ctrl+M 组合键，Camtasia Studio 编辑器将快速打开或关闭标记轨道。

（3）在标记轨道中单击标记点缩略图或是直接单击轨道上的标记点，都可以选择该标记，此时按 Delete 键将能够将标记删除。在标记中右击，可以在关联的菜单中选择删除标记或重命名标记。

（4）标记不仅可以添加在时间轴上，也可以添加到某一个轨道上，可以方便用户对这一条轨道上的内容进行标记，如图 5.41 所示。

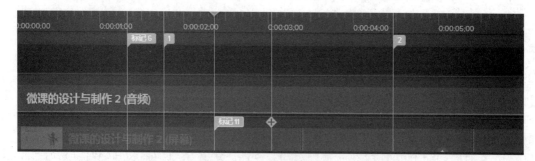

图 5.41　轨道上的标记

 在这里要注意，放置于视频片段上的标记点只能在这个视频片段内移动，不能移出该片段。放置于标记视图中的标记点可以任意移动。使用标记点可以方便地分割视频，选择 Camtasia Studio 编辑器窗口中的"编辑"|"标记"|"在所有标记分割"命令，能够同时将多段视频从标记处分割开来。

5.3 对音频进行处理

在微课中声音是一个不可或缺的元素。Camtasia Studio 编辑器具有对音频进行编辑处理的能力,用户可以直接对录制完成的视频中的音频进行常规处理,而不需要求助于专业的音频处理软件,这无疑方便了用户,提高了微课视频的制作效率。

5.3.1 将音频独立出来

默认情况下,Camtasia Studio 能够同时录制系统声音和麦克风声音,在录制的微课视频中,这两种声音在轨道上的表现形式是不一样的,系统声音和视频自动放置在同一轨道上,麦克风声音单独放置在另一个轨道上,打开"5_项目1.tscproj",如图5.42所示。

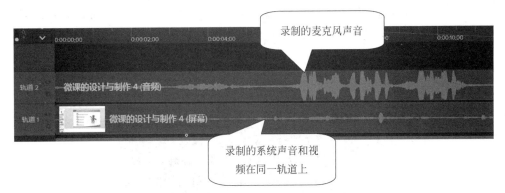

图 5.42 录制系统声音和麦克风声音

 在进行屏幕录像时,在录制工具栏的"录像设置|音频开"列表中,如果选中"麦克风"选项后还选中了"录制系统声音"选项,那么录好的麦克风声音单独放置在一个轨道上,系统声音和视频放置在同一个轨道上。如果只选中"麦克风"选项而取消选中"录制系统声音"选项,则录好的麦克风声音和视频放置在同一个轨道上。

在微课录制完成后,如果需要对音频进行单独的编辑,需要将声音与视频分离出来。方法是在视频片段上右击,选择关联菜单中的"分离音频和视频"命令,如图5.43所示。

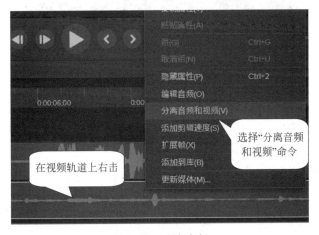

图 5.43 分离音频

音频将会分离出来放置到视频轨道上方的一个独立的轨道中,从轨道名称可以了解各轨道所放置的内容,如图 5.44 所示。

图 5.44　音频独立在一个轨道上

 默认情况下,轨道中音频波形显示的是单向波形,如果希望显示对称的镜像波形,可以通过设置来实现。选择"编辑"|"首选项"命令,打开"首选项"面板,在该面板的"程序选项"列表中选中"镜像波形"复选框,如图 5.45 所示。这样设置以后轨道上音频波形将显示为镜像波形,如图 5.46 所示。

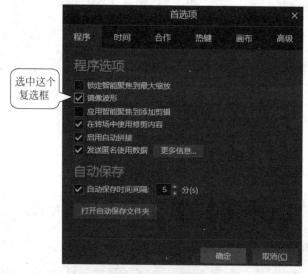

图 5.45　选中"镜像波形"复选框

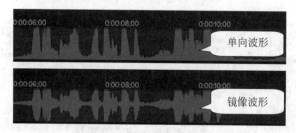

图 5.46　两种音频波形

5.3.2　调节音量

在很多时候,音量的调节是微课录制中必须做的一项工作。对于普通教师来说,由于操作不当或录音设备本身的原因经常会出现音量偏小或局部音量过大的情况。在使用 Camtasia

Studio 编辑器对视频进行编辑时可以对音量的这些问题进行修正。

1. 使用"音频效果"面板调节音量

打开"5_项目 1.tscproj",在轨道上选择包含声音的视频片段,单击"音频效果"按钮进入音频编辑状态。在"音频效果"面板上,可以对音频进行降噪、音量调节、淡入、淡出、剪辑速度调整,如图 5.47 所示。

在打开的"音频效果"面板中选择"音量调节"选项,拖放它到要调整音量的轨道视频或音频上,这时 Camtasia Studio 编辑器窗口右侧的音频属性面板就会显示"音量调节"选项组,如图 5.48 所示。在"音频变化"下拉列表中包括"高""中等""低"和"自定义"4 个选项,当选择"高""中等""低"这 3 个选项时,比率、阈值、增益等参数会自动调整到合适的数值,当选择"自定义"这个选项时,用户可以自行调整比率、阈值、增益等参数值。这样就可以调整所选中轨道上的视频或者音频的音量,轨道上的音频波形也会发生相应的变化。

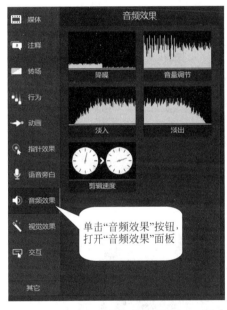

图 5.47 "音频效果"面板

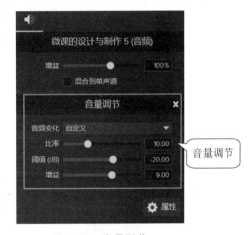

图 5.48 音量调节

2. 在轨道上直接调节音量

在包含音频的轨道上单击,然后在"属性"面板中单击"音频属性"按钮 ,则音频片段上将会出现一条绿色音频线,音频线下的区域为半透明的绿色区域,音频线起点处会出现一个音频点。使用鼠标向上拖动音频线将会增大音量,向下拖动音频线将减小音量。在拖动音频线时,音频点旁会出现音量变化的百分比,如图 5.49 所示。

图 5.49 在轨道上直接调节音量

如果要调整音频片段中某个时间段的音量，要先拖动"开始滑块"和"结束滑动"选择要调整的区域，如图 5.50 所示。

图 5.50　选择要调整的区域

然后在绿色音频线上单击，在选中区域开始和结束处会产生 4 个音频点，如图 5.51 所示。拖曳区域中间的绿色音频线，来调整区域音量，如图 5.52 所示。

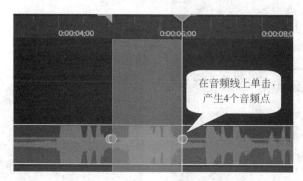

图 5.51　4 个音频点

图 5.52　调节区域音量

 在时间轴面板中选择了音频片段后右击，在弹出的关联菜单中选择"删除音频点"命令，则该片段中所有的音频点都会删除，音量恢复到初始状态。

5.3.3　三种常用的音效

淡入淡出、静音和快进慢放是音频编辑中常见的三种效果，下面介绍在 Camtasia Studio 编辑器中实现这三种效果的方法。

1. 淡入淡出效果

淡入淡出效果是视频制作中一种常见的声音效果，在 Camtasia Studio 编辑器中可以方便地为视频片段添加这种效果。将"音频效果"面板中的"淡入"选项和"淡出"选项拖放到要调整的音频轨道上,就会为音频加上淡入淡出效果,如图5.53所示。

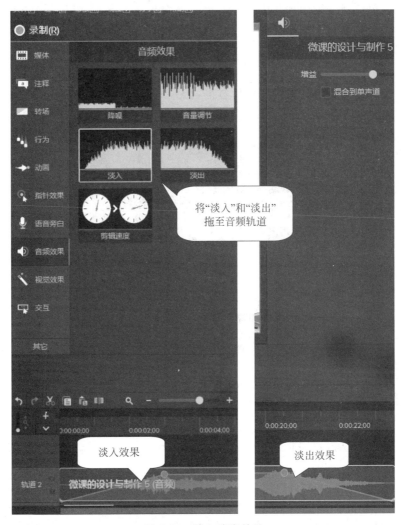

图5.53 淡入淡出效果

从添加淡入淡出效果的过程可以看到,所谓的淡入淡出效果实际上就是音量由小到大和由大到小的一种变化,音频线的表现为由低到高和由高到低的斜线。如果用户对一键添加的淡入淡出效果不满意,可以手动添加音频点,调整音频线的形状,自主创建效果,如图5.54所示。

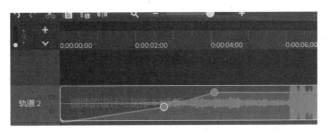

图5.54 调整音频线形状

2. 静音效果

所谓的静音,是指在视频或音频的某个时间段中没有声音。在制作微课时,静音效果是一种十分常见的效果。对于微课视频中只是展示过程而无须声音的片段,将其静音是去除可能存在的杂音的一种最快捷的方法。另外,在对微课视频进行编辑时很多时候需要对语音解说进行修改,如果要使用新的声音来替代原有的声音,此时就必须要先除去原声,除去原声的一个简单的方法就是静音。

在时间轴上选择需要静音的区域然后右击,在关联菜单中选择"静音音频"命令,即可让选择区域静音,如图 5.55 所示。

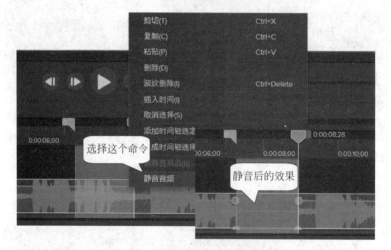

图 5.55 对选择区域静音

从图 5.55 可以看到,静音效果对应的音频线是位于轨道的底端的,也就是使该区域的音量为 0。因此,用户也可以通过向音频线上添加音频点后拖动音频点改变音频线的形状,从而获得静音效果。

3. 声音的快进慢放

设置声音的快进和慢放,可以使声音产生很强烈的艺术效果,它其实就是通过调整声音的速度来实现的。单击"音频效果"按钮,打开"音频效果"面板,选择"剪辑速度"选项拖放到音频轨道上,如图 5.56 所示。

Camtasia Studio 编辑器窗口右侧的"音频属性"面板会显示"剪辑速度"面板,在其中可以设置速度或持续时间来调整声音的速度,速度值越大,持续时间越短;速度值越小,持续时间越长,如图 5.57 所示。设置完成后,轨道上音频的长度会发生相应的变化。

5.3.4 微课中的降噪操作

对于普通的微课制作者来说,能够在专业的录音室中录制微课是不太可能的。很多时候在微课录制过程中会遇到一些意料之外的声音,例如窗外汽车声、自己忍不住的咳嗽声或者是家里宠物的叫声。如果在录课时遇到这类声音,制作者可以稍作停顿,然后将出现这些声音时的内容重录。最后在 Camtasia Studio 编辑器中将那些不需要的杂音所在的视频片段删除即可。

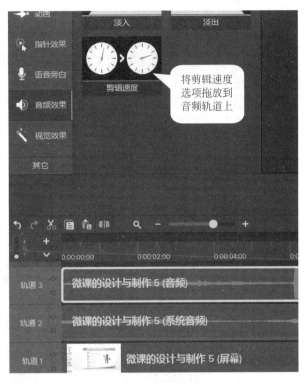

图 5.56 剪辑速度

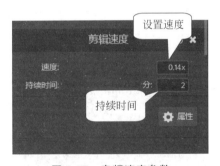

图 5.57 音频速度参数

在录课时还会遇到另一类称为噪声的声音,这类声音几乎无处不在,混于正常的声音中影响声音效果。在对声音进行编辑时,它们一般无法单独进行选择,因此使用常规的方法无法将它们去除。

噪声多是由于设备的原因而产生的,理论上说,使用专业的录音设备能够尽量减少噪声。但是对于普通教师来说,专业录音设备成本较高,普通教师无法拥有。在这个时候可以使用Camtasia Studio 编辑器的降噪功能来对它们进行处理,尝试将它们的影响降低到最低。

(1) 在轨道上选择需要进行降噪处理的视频片段,打开"音频效果"面板,将"降噪"选项拖放到轨道上,如图 5.58 所示。

(2) 在 Camtasia Studio 编辑器窗口右侧的音频属性面板上会显示"降噪"面板,如图 5.59 所示。在其中对"灵敏度""量"等参数进行设置,然后单击"分析"按钮,生成配置文件,试听降噪效果是否满意,如果不满意可以重新设置参数直到满意为止。这里要注意的是,灵敏度值并非设置得越高越好,每次进行调整后建议试听降噪效果,设置值以不降低音频的品质为宜。

图 5.58 降噪

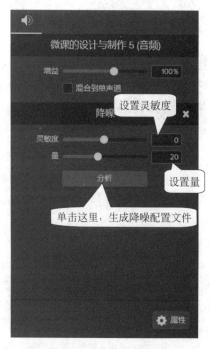

图 5.59 调整降噪参数

第6章

画龙点睛——用Camtasia Studio "添" 注释

在微课视频中配合讲解的注释是必不可少的，合理地安排注释能够起到突出重点内容、引导学生关注和思考的目的。使用Camtasia Studio对相关内容进行注释的方法很多，既可以使用图形和文字进行标注，也可以使用语音旁白进行具体的说明。

本章主要内容：
- 各种注释最常见
- 语音提示效果好
- 同步字幕不可少

6.1 各种注释最常见

Camtasia Studio 中的"注释"面板中包含注释、箭头和线条、形状、特殊、草图运动注释、击键注释等,不同的注释方法所起的视觉效果各不相同,用户可以根据需要选择适当的注释方式。

6.1.1 在视频中添加含有文字的注释

在微课视频中文字是展示主题内容、提示知识要点和进行注释说明的重要手段。一般情况下,如果课程中的重要内容需要文字展示,应该在配套课件中展示。这是因为 Camtasia Studio 编辑器虽然具有添加文字的功能,但是编辑处理能力并不强,而主流的课件制作软件(例如 PowerPoint)都具有强大的文字处理能力,能够方便地制作各种文字特效。因此从某种意义上说,微课视频中文字内容的添加应该是视频制作的前期工作之一。

在制作微课时向录制完成的视频中添加文字的主要目的是对有关内容进行注释,这类文字的一个特点是短小精悍且指向明确,在 Camtasia Studio 编辑器中使用其注释功能来添加。

利用注释功能向视频中添加的文字一般有三种形式,第一种是气泡注释,第二种是可添加文字的箭头注释,第三种是纯文字注释。下面分别对这三种形式的文字进行介绍。

1. 添加气泡注释

在微课视频中添加注释文字时,为其添加一个气泡背景框,能让文字从视频中凸显出来,起到强调提示的作用,画面显得更加活泼。下面通过一个实例来介绍具体的应用方法。

(1)在 Camtasia Studio 编辑器中导入"背景.png"和"人物.png",如图 6.1 所示。

图 6.1 导入背景与人物

（2）单击"注释"按钮，打开注释工具栏，第一个选项卡就是可以添加文字的注释工具，如图 6.2 所示。

图 6.2　打开注释工具栏

（3）在注释工具栏中的"样式"下拉列表中选择"基础"样式，如图 6.3 所示。

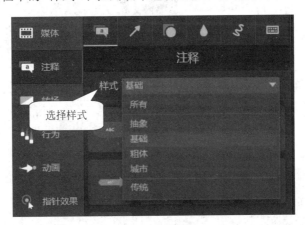

图 6.3　选择样式

（4）在基础样式中，包含一些讲话气泡和思想气泡。讲话气泡和思想气泡只是形状上的区别，一个用来显示讲话的内容，另一个用来反映思考的内容，二者并没有实质上的区别。选择一个样式图形，拖放到空白轨道上，空白轨道会自动命名，在预览窗口中会显示注释的虚线框，如图 6.4 所示。

（5）将轨道上的播放头拖放到注释位置，就可以在预览窗口看到该注释，如图 6.5 所示。

　　在添加注释时，也可以先将播放头拖曳到要添加注释的位置，然后双击注释或者直接将注释拖放到预览窗口，即可添加选择的注释。

图 6.4 拖放注释到空白轨道

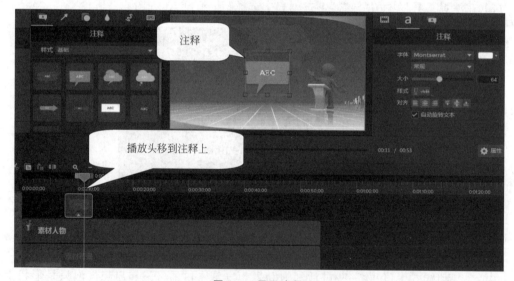

图 6.5 显示注释

（6）在预览窗口双击注释，可以修改默认的文字，如图 6.6 所示。

如果要改变注释的外观，可以在属性面板中对注释的视觉属性、文本属性、注释属性进行详细的设置。

图 6.6　更改注释文字

(7) 在预览窗口通过拖曳控制柄快速地调整注释框的大小、位置和引角的长短、方向,如图 6.7 所示。

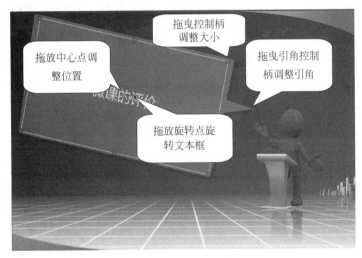

图 6.7　调整注释框

(8) 如果要删除注释,只需要选中注释,然后按 Delete 键就可以将其删除。

2. 利用属性面板对注释进行设置

在预览窗口对注释进行设置十分方便和快速,而利用属性面板对注释框的设置更加精确,功能也更多。下面用一个实例来进行说明。

(1) 在 Camtasia Studio 编辑器中打开"6_项目 1.tscproj",在轨道上添加一个"城市"样式下的注释,并在预览窗口中修改文字,调整它的位置,如图 6.8 所示。

(2) 在预览窗口中单击选中注释框,则右侧的属性面板会转成注释属性面板,可以在其中对注释的视觉属性、文本属性、注释属性进行设置,如图 6.9 所示。

(3) 在注释的"视觉属性"选项卡下,可以对注释的大小、不透明度、旋转、位置进行调整。调整方式有三种,一是在文本框中输入数值调整,二是拖动滑块调整,三是单击"还原"按钮恢复到调整前状态,如图 6.10 所示。

调整效果在预览窗口中可以直接看到,从而方便再次调整,以达到满意的效果,如图 6.11 所示。

图 6.8 添加注释

图 6.9 注释属性面板

还可以对注释框的阴影属性进行调整,主要参数包括角度、颜色、偏移、不透明度、模糊、淡入、淡出等,如图 6.12 所示。其中,角度指的是阴影在注释框的哪个方向,偏移指的是阴影距注释框的距离,淡入淡出指的是阴影出现、消失的时间。调整后的效果如图 6.13 所示。

(4) 在"文本属性"选项卡下,可以调整文本的字体、字体颜色、常规、字号、样式、对齐方式等,如图 6.14 所示。调整后的效果如图 6.15 所示。

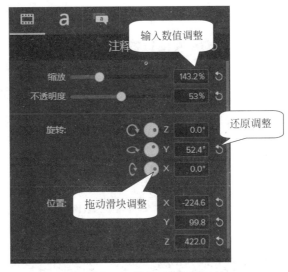

图 6.10 调整注释的视觉属性

图 6.11 调整后的效果

图 6.12 调整阴影属性

图 6.13 调整阴影属性后的效果

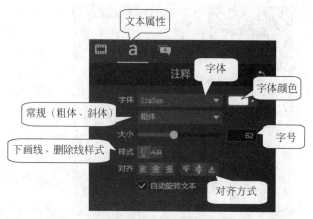

图 6.14 调整文本属性

图 6.15 调整文本属性后的效果

（5）在"注释属性"下，可以调整注释的形状、填充色、不透明度以及轮廓的线型、颜色、厚度、不透明度等，如图 6.16 所示。调整后的效果如图 6.17 所示。

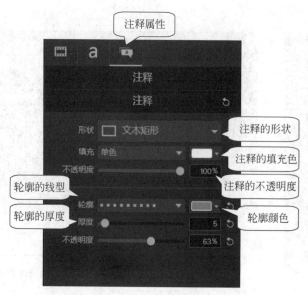

图 6.16 调整注释属性

图 6.17　调整注释属性后的效果

3. 添加文本箭头注释

Camtasia Studio 中的箭头有三种，第一种是可添加文本的文本箭头，第二种是具有指向性的单纯箭头，第三种是具有动画效果的草图箭头，后两种在后面的章节另有叙述。

在这里通过一个实例讲解第一种文本箭头的用法。

（1）在 Camtasia Studio 编辑器中打开"6_项目1.tscproj"。在"注释"选项卡的"样式"下拉列表中选中"粗体"，然后拖放一个文本箭头到轨道上，并修改文字内容，如图 6.18 所示。

图 6.18　添加粗体样式

（2）在预览窗口中可以对注释进行调整，拖曳文本框周围的 8 个控制柄，可以调整箭头注释框的大小，如图 6.19 所示。

图 6.19　调整箭头注释框大小

如果按下 Alt 键,此时箭头注释框外围出现 8 个控制柄,拖曳这些控制柄可以裁剪箭头注释框,如图 6.20 所示。

图 6.20　裁剪箭头注释框

（3）在箭头形状的中心有两个控制点,拖动右侧的控制点可以移动箭头的位置。拖动左侧的控制点可以调整箭头的方向。它也可以在"视觉属性"面板中精确设置箭头的位置和方向,如图 6.21 所示。

 要想让文本跟随箭头一起旋转,只需在注释的"文本属性"面板中选中"自动旋转文本"复选框即可,如图 6.22 所示。

（4）分别调整文本箭头的视觉属性、文本属性、注释属性,对文本箭头的文本颜色、大小、阴影、轮廓进行设置,以达到满意效果,如图 6.23 所示。

图 6.21　调整文本箭头的位置和方向

图 6.22　自动旋转文本

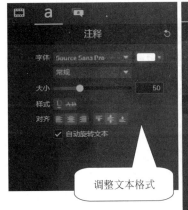

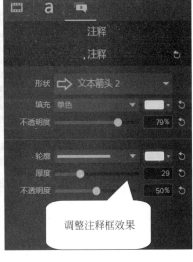

图 6.23　设置文本箭头属性

4. 添加纯文本注释

（1）在 Camtasia Studio 编辑器中打开"6_项目1.tscproj"。在"注释"选项卡的"样式"下拉列表中选中"城市"，然后拖放一个纯文本到轨道上，并修改文字内容，如图 6.24 所示。

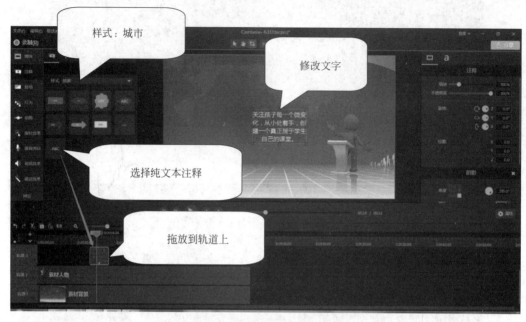

图 6.24 添加纯文本注释

因为这是一个没有注释框的纯文本注释，所以在属性面板上也相应地只有视觉属性、文本属性，而没有注释属性，如图 6.25 所示。

图 6.25 纯文本注释属性面板

（2）对纯文本注释的设置与气泡注释、文本箭头注释类似，这里不再赘述。

6.1.2 在视频中添加箭头和直线

Camtasia Studio 编辑器中可以为微课视频添加箭头和直线。在微课中直线常用来配合讲解添加到重点内容(如文字)的下面,用于对其进行强调。添加的箭头不带文本框,只是用来指示方向,引导观众视线,显得简洁明了。

1. 添加直线注释

(1) 在 Camtasia Studio 编辑器中打开"6_项目 2.tscproj",单击"注释"按钮,然后在"箭头和直线"选项卡中选择一个合适样式,如图 6.26 所示。

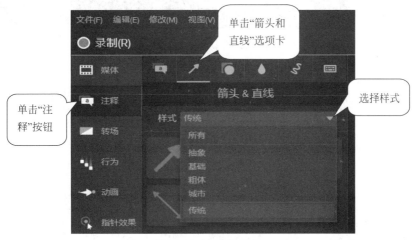

图 6.26 箭头和直线

(2) 在这里选择传统样式,再选择直线,将其拖放到预览窗口的合适位置,例如重点词句下方,如图 6.27 所示。

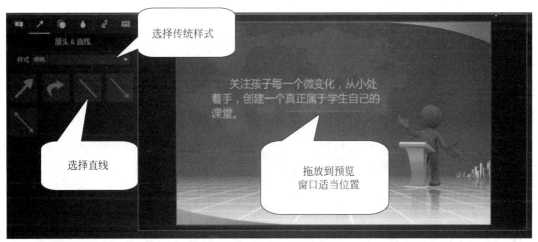

图 6.27 拖放直线到适当位置

(3) 将直线拖放到预览窗口后,时间轴上会添加一条新的轨道,用来存放该直线,并且存放在播放头当前的位置,如图 6.28 所示。

(4) 拖曳直线两端的端点,可以调整它的长短、倾斜角度;拖曳直线中间,可以调整它的位置,如图 6.29 所示。

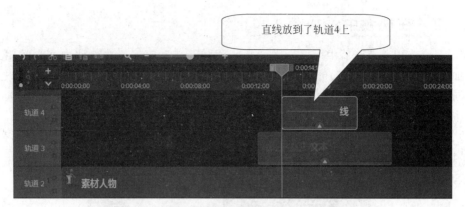

图 6.28　轨道上的直线

图 6.29　调整直线

（5）在"属性"面板中，可以对直线的颜色、线条样式、线条厚度做进一步设置，如图 6.30 所示。其中，线条样式是指直线两端的形态。

图 6.30　设置直线

　直线的视觉属性设置方式与气泡注释相同，这里不再赘述。因为直线和箭头不包含文本框，所以也没有文本属性。

2．添加箭头注释

其实直线通过调整两端的形状就可以转换成箭头，为了操作方便，Camtasia Studio 内置多种箭头，供用户选择。

（1）根据需要，拖曳轨道 3 上的文本注释末尾边线，调整它的时长。将播放头拖放到适当位置，选择一个"粗体"样式下的箭头拖放到预览窗口中，如图 6.31 所示。

图 6.31　箭头注释

（2）在预览窗口中调整箭头的长短、角度，在"属性"面板中调整它的颜色、样式、厚度、不透明度等，如图 6.32 所示。它的视觉属性设置方式与气泡注释相同，这里不再赘述。

图 6.32　箭头效果

6.1.3　在视频中添加形状

使用 Camtasia Studio 编辑器能够向视频中添加一些特殊的形状，例如矩形、椭圆形、星形和多边形等。形状的添加和使用方法与直线注释基本相同,除了需要设置其大小、位置和显示时间之外,还可以设置其填充颜色,并为其添加投影和凸起等特殊的效果。

形状不仅可以用来为视频添加标注,还可以用于绘制一些常见图形。下面以一个实例来介绍形状的使用方法。

(1) 在 Camtasia Studio 编辑器中打开"6_项目2.tscproj",单击"注释"按钮,然后选择"形状"选项卡,最后选择一个合适的样式,如图 6.33 所示。

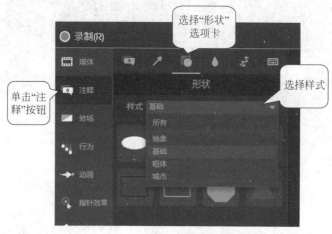

图 6.33 形状

(2) 在轨道 3 名称上右击,在弹出的关联菜单中选择"插入轨道"|"下面"命令,则可以在轨道 3 下面插入一个新的轨道。这样操作后,轨道将按层次重新自动命名。

(3) 选择抽象样式,在其中选择一个矩形形状,将其拖放到新插入的轨道上,放到上层文本注释对齐的位置,如图 6.34 所示。

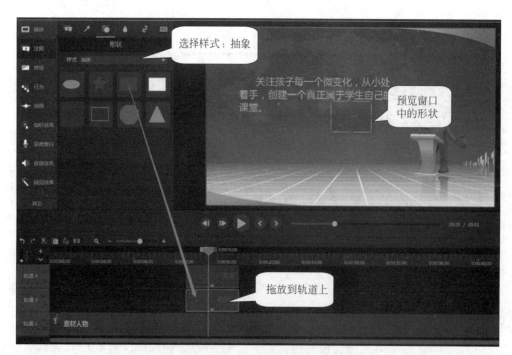

图 6.34 添加形状

（4）为了防止误操作其他轨道上的内容,可以将轨道1、2、4锁定,如图6.35所示。

图 6.35 锁定轨道

（5）单击形状所在的轨道3,然后在预览窗口中通过拖曳控制柄调整形状的大小和位置,使其正合衬于上层文字的下方,如图6.36所示。

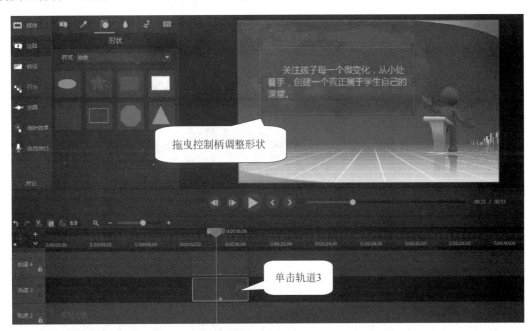

图 6.36 调整形状

（6）在"属性"面板中对形状的注释属性进行设置,主要有形状的样式、填充颜色、填充方式、填充色的不透明度,以及轮廓的线型、颜色、厚度、不透明度等,如图6.37所示。其视觉属性设置方法与气泡注释相同,这里不再赘述。

6.1.4 在视频中添加特殊注释

在微课视频中,经常需要根据讲解的进度将重点内容标注出来以提醒学生注意,可以通过聚光灯、高亮以示强调。对某些内容也可以进行模糊、像素化,这样可以给学生以思考和想象的空间。这些特殊注释的添加和设置方式与气泡注释类似。

1. 添加模糊注释

（1）在Camtasia Studio编辑器中打开"6_项目2.tscproj",单击"注释"按钮,在"特殊"选项卡中选择"模糊"注释,如图6.38所示。

图 6.37 设置形状属性

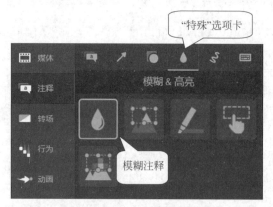

图 6.38 模糊注释

（2）将模糊注释拖放到空白轨道上，并拖放播放头在模糊注释上，即可在预览窗口中看到模糊效果，如图 6.39 所示。

图 6.39 添加模糊注释

（3）在预轨道上调整模糊注释的时长，然后在预览窗口中拖曳控制柄调整模糊区域的大小、位置、旋转等，如图 6.40 所示。

图 6.40　调整模糊注释

（4）在"属性"面板中设置模糊强度或反向模糊，如图 6.41 所示。

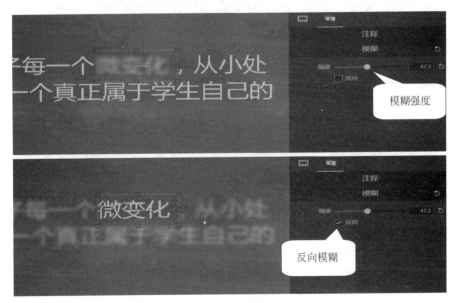

图 6.41　设置模糊效果

2．添加像素化、聚光灯、高亮注释

像素化、聚光灯、高亮注释与模糊注释添加、设置方式相同，其效果如图 6.42～图 6.44 所示。

图 6.42　像素化效果

图 6.43　聚光灯效果

图 6.44　高亮效果

 也可以在微课中加上互动热点注释,通过单击热点打开新的网页,进行知识的拓展。有关互动热点的使用方法详见第 9 章的相关内容。

6.1.5　在视频中添加草图运动注释

草图运动就是将一些单一的手绘草图,例如方形、圆形、三角形等以简单的动画方式呈现。草图运动注释可以使画面显得更加清新生动,易吸引人的注意。

(1) 在 Camtasia Studio 编辑器中打开"6_项目 2.tscproj",单击"注释"按钮,在"草图运动注释"选项卡中选择椭圆,将其拖放到轨道上,如图 6.45 所示。

(2) 在轨道上调整草图运动注释的时长,然后在预览窗口中拖曳控制柄调整草图区域的大小、位置、旋转等,如图 6.46 所示。单击"播放"按钮,就可以看到草图运动的效果。

(3) 在"属性"面板中对草图运动注释的颜色、厚度以及草图的绘制时长等属性进行设置,在这里要注意绘制时间不能超过轨道上草图运动的时长,如图 6.47 所示。

(4) 其视觉属性设置方法与气泡注释相同,这里不再赘述。

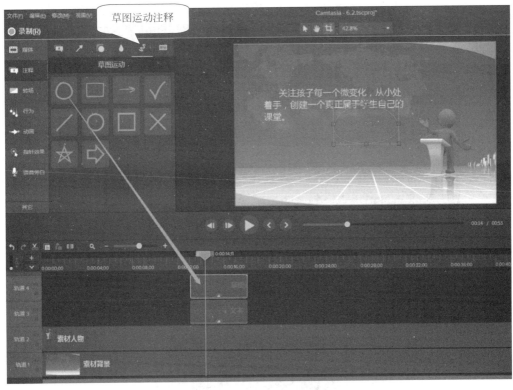

图 6.45 草图运动注释

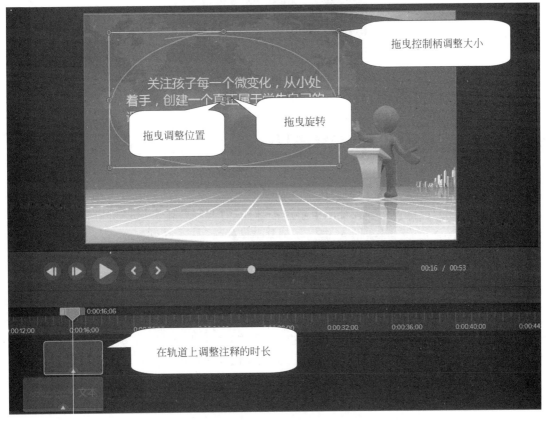

图 6.46 调整草图运动注释

图 6.47　设置草图运动注释属性

（5）除了椭圆，草图运动注释还有矩形、箭头、对号、直线、完美椭圆、完美矩形、叉号、星形、轮廓箭头等，如图 6.48 所示。它们的添加、设置方式和椭圆草图运动注释相同。

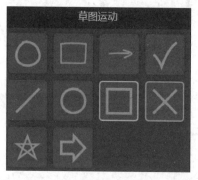

图 6.48　其他草图运动注释

6.1.6　在视频中添加按键注释

在制作计算机操作演示类微课时，经常让制作者头疼的一个问题是如何表现操作中的按键。为了让观众对某个操作使用的快捷键有直观的印象，Camtasia Studio 编辑器提供多种样式的按键注释，用户能够方便地在视频中添加按键提示。例如，在讲解复制粘贴按键时，就要讲到同时按下 Ctrl+C 键和 Ctrl+V 键。在录制了操作过程后，对视频进行编辑处理时，就可以在"注释"中完成按键提示。

（1）在 Camtasia Studio 编辑器中打开"6_项目 3.tscproj"，单击"注释"按钮，在"击键注释"选项卡中选择一种按键样式，拖放两次到轨道上，让其处于文字注释上方，如图 6.49 所示。

（2）默认的按键注释内容是 Ctrl+A，如果要修改它的内容，需要在"属性"面板上进行。选择要修改的按键注释，在"属性面板"的"注释属性"选项卡中，单击"键盘按键"后的文本框，然后同时按 Ctrl+C 键，则按键内容就被修改了，如图 6.50 所示。

（3）在预览窗口中修改按键注释的大小、位置、旋转等，如图 6.51 所示。

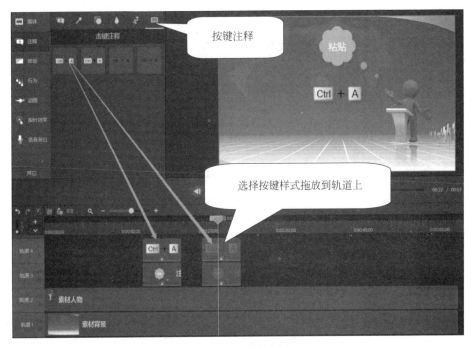

图 6.49 按键注释

图 6.50 修改按键内容

图 6.51 修改按键注释

(4) 同样,修改另一个按键注释内容和它的大小、位置等,如图 6.52 所示。

图 6.52　修改按键注释

(5) 单击"播放"按钮,可以看到当文字出现时,相应的按键内容也出现了,让人一目了然。

6.2　语音提示效果好

在微课视频中,除了可以用形状、文字、草图来对要点标注外,还可以用语音进行标注,这就是语音旁白。Camtasia Studio 编辑器允许在视频中添加语音旁白,可以起到两个作用,一个是配音,另一个是用语音旁白替换视频中的原有声音。

6.2.1　录制语音旁白前的设置

在 Camtasia Studio 编辑器中录制旁白前,先进行一些相关的设置,然后再开始录制。具体设置方法如下。

(1) 在 Camtasia Studio 编辑器左侧单击"语音旁白"按钮,在打开的"语音旁白"选项卡中首先设置录音源,常见的录音源有麦克风、线路(计算机系统播放的声音);然后再单击其右侧的"自动调整"按钮,它可以根据用户的语音和所处的环境自动调整音量,下方的音量滑块会自动调整到合适的位置。也可以直接拖曳音量滑块调整音量,如图 6.53 所示。

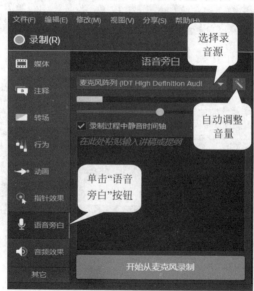

图 6.53　设置录音源和音量

（2）选中"录制过程中静音时间轴"复选框，那么在录制过程中将不播放时间轴上的声音；如果不勾选这个复选框，则在录制过程中会播放时间轴上的声音。在下方的文本框中，可以输入或粘贴讲稿或提纲，这样录音的时候就可以看着提示内容进行录制，如图6.54所示。

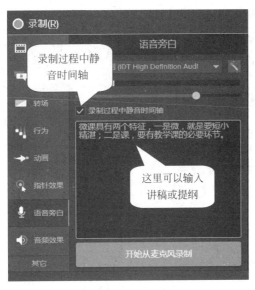

图 6.54　录制静音时间轴和输入讲稿

6.2.2　录制语音旁白

（1）在Camtasia Studio编辑器中打开"6_项目4.tscproj"，将播放条拖放到要添加语音旁白的位置，如图6.55所示。这里将在视频中的"微、课"文本出现后添加上语音解说词："微课具有两个特征，一是微，就是要短小精湛；二是课，要有教学课的必要环节。"

图 6.55　定位播放条

（2）在"语音旁白"功能区设置好相应的参数后，单击"开始从麦克风录制"按钮开始录制，录制面板发生变化，此时对着麦克风根据提纲进行语音讲解。在面板上部会不断变化从绿到红的音量标记，下部中间显示录音的时长，如图 6.56 所示。

图 6.56　录制语音旁白

（3）如果单击"取消"按钮，则弹出"取消录制"对话框，单击"重新启动"按钮则从头开始重新录音，单击"删除"按钮则删除录音不保存，单击"保存"按钮则保存录音，如图 6.57 所示。

（4）如果单击"停止"按钮，则弹出"旁白另存为"对话框，输入文件名并设置保存路径，单击"保存"按钮完成语音旁白的保存，如图 6.58 所示。

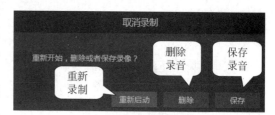

图 6.57　取消录制

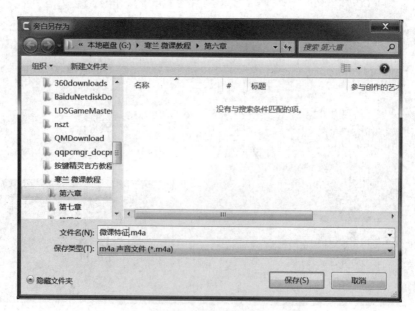

图 6.58　保存语音旁白

（5）语音旁白保存后会自动加载到媒体库中，并自动插入到时间轴的新轨道上，此时可以根据语音的时长适当调整文本注释的长度，使其与语音时长相匹配。单击"播放"按钮可以试听效果，如图 6.59 所示。

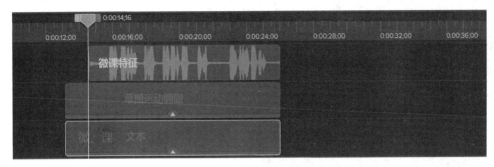

图 6.59　插入语音旁白

（6）录音如果受到环境的干扰产生了噪声，可采用 5.5.4 节的方法对声音进行降噪处理，如图 6.60 所示。

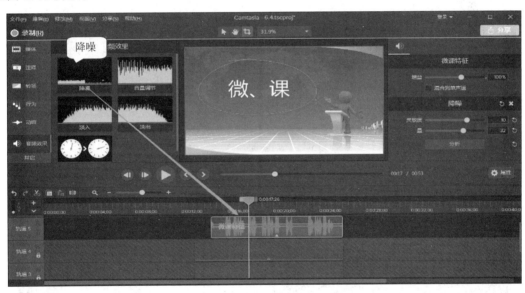

图 6.60　降噪

6.3　同步字幕不可少

字幕是视频中传递信息的一种直观的方式，Camtasia Studio 编辑器具有添加字幕的功能，能够方便地为视频添加同步字幕。本节将介绍在微课视频中添加字幕的方法。

6.3.1　在视频中使用字幕

字幕指的是以文字形式显示于视频中的非影像内容，从广义上说，在对视频进行后期编辑处理时添加的文字都可以称为字幕。一般来说，在微课中使用字幕主要是用于以文字的形式来显示语音的内容，从而让学生更好地理解语言或画面所传递的信息。例如，在语文和英语学科的微课视频中，在进行原文朗读赏析时不仅需要有切合文章主题的画面，还需要配上与朗读同步的文字,文字显示朗读的内容。

(1) 在 Camtasia Studio 编辑器中打开"6_项目5.tscproj",在左侧单击"字幕"按钮,如果没有显示"字幕"按钮,则单击"其他"|"字幕"按钮,打开"字幕"功能区面板,如图6.61所示。

(2) 将播放头拖放到语音的起始处,要在此处开始添加字幕,如图6.62所示。

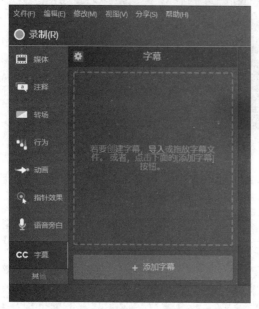

图6.61 "字幕"功能区

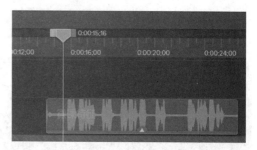

图6.62 拖放播放头到合适位置

(3) 单击"添加字幕"按钮,则字幕面板上新插入一条空白字幕及字幕开始时间,同时在轨道上新插入一条轨道,并在播放头所在的位置插入一段空白字幕,在预览窗口下方弹出字幕文本输入框,如图6.63所示。

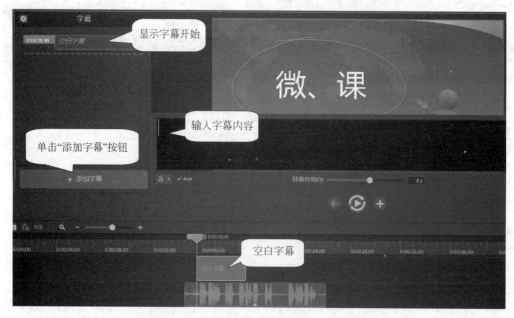

图6.63 添加字幕

(4) 为了更方便设置字幕,可以放大时间轴,观察语音的波形图,或者单击"播放"按钮,循环试听第一句语音的长度。然后拖曳轨道上的字幕调整它的长度到合适位置,再在字幕文本框中输入字幕内容"微课具有两个特征",如图 6.64 所示。

图 6.64　输入字幕内容

(5) 单击字幕文本框下方的"字体属性"按钮,在打开的下拉列表中设置字幕的字体、字体颜色、大小、填充颜色、填充不透明度、对齐方式等。单击"ADA 标准"按钮,在打开的下拉菜单中单击"符合规定"按钮,使修改后不符合标准的恢复规定设置,如图 6.65 所示。

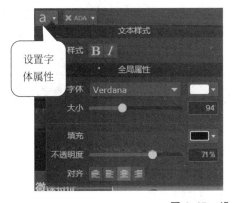 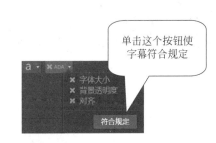

图 6.65　设置字幕属性

(6) 按照步骤(2)～(5)完成其他字幕内容的添加和设置,如图 6.66 所示。

(7) 字幕添加完毕后,单击"播放"按钮播放微课视频,播放头走到哪个字幕,该字幕在轨道上以紫色背景提示,字幕面板以虚线提示,预览窗口中显示字幕内容,如图 6.67 所示。

 在轨道上右击字幕片段,在弹出的关联菜单中有一些字幕编辑命令,例如,复制、粘贴、删除、编辑字幕文本、分割字幕、清除字幕文本等,如图 6.68 所示。

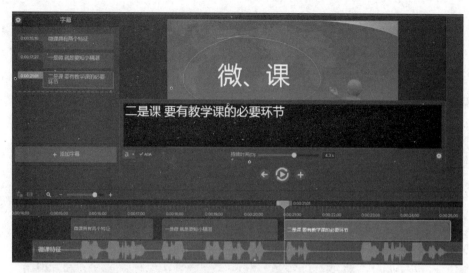

图 6.66 完成字幕

图 6.67 播放字幕

图 6.68 更多字幕编辑命令

6.3.2 快速创建同步字幕

在为视频解说添加字幕时,字幕的同步是一个至关重要的问题。上面介绍的方法实际上是一句一句地为视频添加字幕,这种方法在字幕较少的时候使用是没有什么问题的,但是如果视频中需要添加的字幕很多,这种方法就不是最有效的方法了。其实,Camtasia Studio 编辑器为大段文字字幕的添加提供了同步字幕功能,使用该功能能够方便地在视频中添加大段同步字幕。

(1) 在 Camtasia Studio 编辑器中打开"6_项目 5.tscproj",在左侧单击"字幕"按钮,打开"字幕"功能区面板。将整个视频中需要的字幕文字复制到系统剪贴板中,单击"添加字幕"按钮,在字幕文本框中粘贴要添加的字幕内容,如图 6.69 所示。

图 6.69 粘贴文字到字幕文本框中

(2) 在"字幕"面板左上角,单击"脚本选项"按钮,在弹出的下拉菜单中选择"同步字幕"命令,打开"如何同步字幕"对话框,其中对操作要点进行了提示,单击"继续"按钮开始同步,如图 6.70 所示。

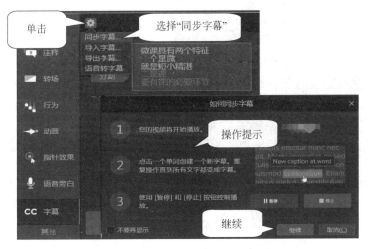

图 6.70 打开"如何同步字幕"对话框

（3）此时视频开始播放，将鼠标放置到字幕的第一个字上，当播放到该段字幕需要开始的位置时单击这个字，则从播放头当前位置开始，字幕片段以前的内容将被剪切掉，如图 6.71 所示。

图 6.71　确定该句字幕文字显示的起点

（4）此时视频将继续播放，当播放到这一句的末尾时，单击下一句的第一个字符，字幕将在这里被断开，这样就得到了第一句与声音同步的字幕，如图 6.72 所示。

图 6.72　实现第一句同步字幕

（5）使用相同的方法，当视频播放到需要第二段字幕出现的时候，单击第二段字幕的第一个字符添加新字幕，在该段字幕需要结束时单击。以此类推，逐段切割字幕文字，直到所有字幕添加完成。在同步字幕过程中，"字幕"功能区面板的内容如图 6.73 所示。单击"暂停"按钮可以暂停同步字幕，单击"停止"按钮可以完成字幕的添加。

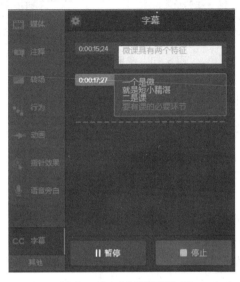

图 6.73 "字幕"面板

（6）完成同步字幕后，字幕被分割成若干个片段，如果对效果不满意，可以在轨道上对不够精确的字幕片段进行微调，如图 6.74 所示。

图 6.74 调整字幕

 在向字幕框中输入了段落文字后，在"字幕"功能区面板中会出现一个"分割"按钮，直接单击该按钮，段落文字将被切割开，如图 6.75 所示。

图 6.75 使用"分割"按钮

6.3.3 创建外挂字幕

外挂字幕指的是一种独立于视频之外的字幕文件,其包含文字出场的时间信息。在播放视频时,播放器可以打开这种字幕文件并按照其时间信息来同步显示字幕内容,Camtasia Studio 编辑器也具有使用或生成外挂字幕文件的能力。

1. 导出字幕

(1)在 Camtasia Studio 编辑器中完成字幕同步工作后,在"字幕"功能区面板上单击"脚本选项"按钮,然后在弹出的下拉菜单中选择"导出字幕"命令,打开"字幕导出到文件"对话框,使用对话框设置字幕文件保存的文件夹、文件名和文件类型,如图 6.76 所示。

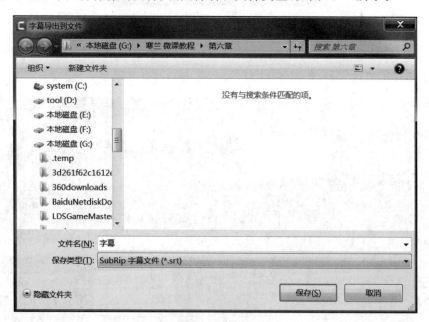

图 6.76 保存字幕

(2)单击"保存"按钮关闭对话框,字幕将以 *.srt 字幕文件的形式保存在指定的文件夹中。扩展名为 *.srt 的字幕文件实际上是一种带有时间信息的文本文件,可以使用任意一款文本编辑器将其打开,如图 6.77 所示。字幕文件的结构很简单,它包括编号、字幕出现的起止时间和对应的字幕文字这 3 个部分。

2. 导入字幕

字幕文件可以编辑后导入 Camtasia Studio 编辑器,避免二次制作字幕。这里将字幕翻译

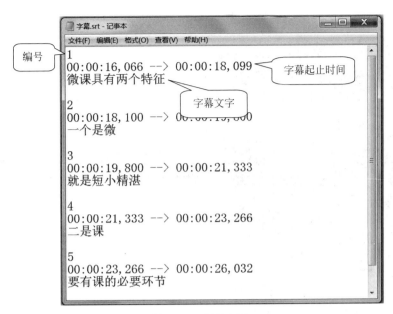

图 6.77 字幕内容

成英文后导入,从而制作中英文字幕。

(1) 用记事本程序打开字幕文件"字幕.srr",在中文字幕文字下面添加相应的英文,如图 6.78 所示,添加完成以后将文件另存为"字幕 2.scr"。

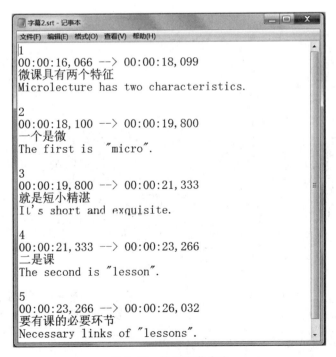

图 6.78 修改字幕内容

(2) 在 Camtasia Studio 编辑器中打开"6_项目 5.tscproj",单击"字幕"按钮,打开"字幕"面板。单击"脚本选项"按钮,在弹出的下拉菜单中选择"导入字幕"命令,打开"从文件导入字幕"对话框,选择字幕文件"字幕2.scr",单击"打开"按钮,如图6.79所示。

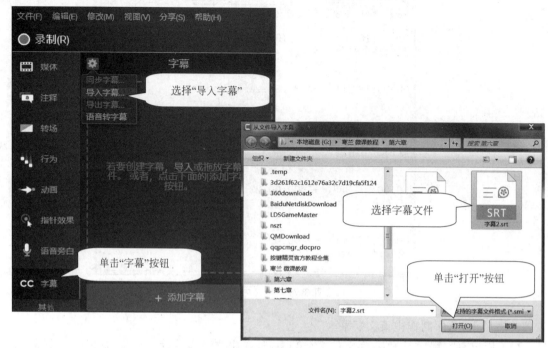

图 6.79　导入字幕

(3) 字幕导入成功后,如图6.80所示。在预览窗口下方设置字幕的字体属性。

图 6.80　成功导入字幕

（4）单击"播放"按钮，就可以在预览窗口看到中英文字幕效果了，如图 6.81 所示。

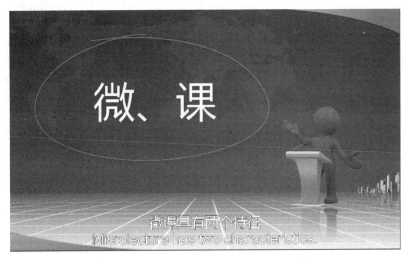

图 6.81　中英文字幕

3. 外挂字幕

针对已经生成的视频文件创建字幕可以不再使用 Camtasia Studio 编辑器来添加，只需要根据视频创建字幕文件就可以了，这为多人协同制作微课提供了便利。对于主流的视频播放软件来说（如 QQ 影音和暴风影音等），它们都具有使用外挂字幕的功能。在播放微课视频时指定字幕文件，则视频播放中会显示同步字幕。如图 6.82 所示为使用 QQ 影音播放视频时添加外挂字幕的操作过程。

图 6.82　在 QQ 影音中指定字幕文件

第7章
锦上添花——用Camtasia Studio "做"特效

在微课视频中,无论是为了美化视频还是突出教学内容,都需要用到一些特殊效果,这些特殊效果实际上是一些动画效果,Camtasia Studio编辑器提供了相应的工具让用户能够十分方便、快捷地创建这些特效。本章将介绍在Camtasia Studio编辑器中制作转场效果、缩放平移效果、光标效果和视觉属性效果的相关知识。

本章主要内容:
- 转场效果的创建
- 缩放平移效果的创建
- 光标效果的创建
- 对象视觉属性效果的设置

7.1 微课视频中的特效 1——转场效果

在视频中经常需要从一个场景变换到另一个场景,这种变换称为转场。如果这种转换是直接进行的,会给人一种突兀且不自然的感觉,在两个场景差别很大的时候这种感觉会更加明显。如果要解决这个问题,可以在两个场景间添加转场效果。

7.1.1 在微课视频中添加转场效果

转场效果实际上是添加在两个视频片段间的过渡动画,其能够使两个视频片段在转换时产生某种特殊的视觉效果,这种视觉效果使得场景的转换自然、平滑、美观和流畅。在微课视频中使用转场效果,除了可以使两个场景自然过渡,还可以起到在视觉上分隔不同的教学内容,突出旧教学内容的完成和新教学内容的开始,使微课视频的篇章结构分明,能够让学生容易理解。

下面通过实例讲解在微课视频中添加转场效果的方法。

(1) 在 Camtasia Studio 编辑器中打开"7_项目 1.tscproj",其中有两段录屏文件,一段是录制的 PPT 讲解,另一段是录制的软件操作。下面在这两个不同的教学内容之间加上转场效果,使这两个场景转换得更自然。单击"转场"按钮,打开"转场"功能区面板,在"类型"下拉列表中可以选择合适的转场类型,如图 7.1 所示。默认情况下是显示所有类型。

图 7.1 "转场"面板

(2) 在转场效果列表中选择"百叶窗"效果,将其拖放到轨道上两个视频片段的中间,则中间出现青色,表示前后两个视频片段之间添加了转场效果。将播放头拖放到此处,在预览窗口可以显示出转场效果,如图 7.2 所示。

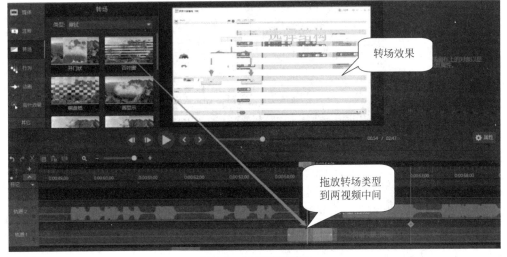

图 7.2 添加转场效果

(3) 在轨道上按住 Shift 键,单击多个视频片段将它们同时选择,在"转场"面板中右击某个转场效果选项,选择关联菜单中的"添加到所选媒体"命令,转场效果将会添加到所有选择视频片段的衔接处,如图7.3所示。使用这种方法能够快速向多个视频片段添加转场效果。

图7.3 添加转场效果到多个视频片段

（4）对于分别位于不同轨道上的两个视频片段,同样可以在它们的交接处添加转场效果。在"转场"面板的列表中将需要使用的转场效果拖放到前一个视频片段的末尾,再将该转场效果选项拖放到另一个轨道中的视频片段的开始位置,这样就在这两段视频间添加了转场过渡效果,如图7.4所示。

图7.4 在不同轨道的两段视频间添加转场效果

 在微课视频中,转场效果不宜使用过多的类型,应该统一选用一两种转场效果类型,这样可以避免转场效果过于花哨而喧宾夺主。

7.1.2 对转场效果进行设置

在完成转场效果的添加后可以根据需要对转场效果进行设置,首先要选择转场效果,选择的方法是单击轨道上的转场效果图标,此时图标颜色由青色变为黄色,当将鼠标放置到转场效果图标上时将显示转场效果的名称、开始时间、持续时间和媒体类型等信息,如图 7.5 所示。

在添加转场效果后可以根据需要设置转场效果的持续时长。在轨道上使用鼠标拖动转场效果标记的边界可以改变转场标记的长度,长度的改变意味着动画效果的持续时间发生改变,如图 7.6 所示。

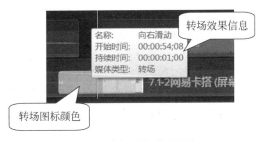
图 7.5 选择转场效果图标

图 7.6 更改转场效果的显示时长

 对于同一轨道上两段视频间添加的转场效果,拖动转场效果图标的边界时,图标的长度将以两段视频的衔接点为对称中心向两边对称变化;对于位于不同轨道上的两段视频间的转场效果,拖动某个转场效果图标边界只能改变该转场效果的显示时长,对另一个转场效果没有影响。

在默认情况下,添加到轨道上的转场效果的持续时长为 1 秒,在很多时候这个时长并不合理,如果要更改这个默认的持续时间,在 Camtasia Studio 编辑器中选择"编辑"|"首选项"命令打开"首选项"对话框,然后在该对话框的"时间"选项卡中设置"时间"的值即可改变转场效果的默认持续时间,如图 7.7 所示。

图 7.7 更改转场效果的默认持续时长

在选择轨道上的转场图标后按 Delete 键将图标删除可以取消添加的转场效果。如果更改添加转场效果的类型,可以直接从"转场"选项卡的列表中将转场效果选项拖放到当前位置。

7.2 微课视频中的特效 2——缩放平移效果

在影视作品中经常可以看到镜头拉近、拉远、向左或者向右移动的效果,这就是所谓的缩放平移效果。缩放平移效果可以在录制视频时通过改变拍摄焦距或平移拍摄位置来实现,也可以在后期处理时利用视频编辑软件来模拟。在 Camtasia Studio 编辑器中可以通过为视频添加缩放平移效果来实现这种效果。

7.2.1 在微课视频中添加缩放效果

在微课视频中一个场景往往会出现多个重点区域,这些重点区域包含教学的重点内容,教师希望学生在观看视频时能够特别注意。如果想引起学生的注意,应该让它成为视觉的焦点,一种方法是前面介绍过的添加标注,另一种方法就是让相关内容从场景中凸现出来。

在 Camtasia Studio 编辑器中缩放效果是一类特殊的效果,其可以按照设置的时间逐渐放大或缩小视频画面中指定矩形区域的内容。例如,想突出显示画面中的某一部分内容,如图 7.8 所示。

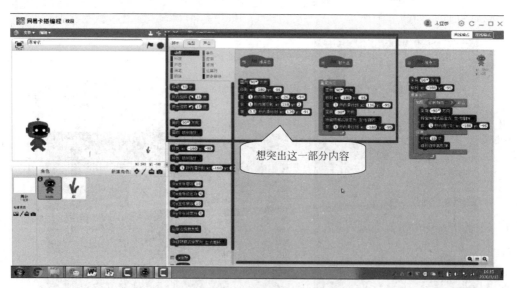

图 7.8 想突出重点区域

这时候使用缩放效果可以以动画的形式缩放视频画面,模拟聚焦到某点的特效。下面介绍具体的操作方法。

(1)在时间轴面板中将播放头放置到需要添加缩放效果的位置,单击"动画"按钮,打开"缩放和平移"选项卡,在"缩放和平移"选项卡的视频窗口中会出现一个矩形选框,使用鼠标拖动矩形边框上的控制柄可以调整矩形框的大小使其框住需要放大的区域,如图 7.9 所示。

图 7.9　框选要缩放的区域

(2) 在时间轴面板轨道上可以看到添加了动画标记,表示从开始点到结束点有动画效果,开始点是默认的全窗口,结束点是放大的框选区域,这样就实现了放大重点区域的动画效果,在预览窗口可以看到框选区域放大的效果,如图 7.10 所示。

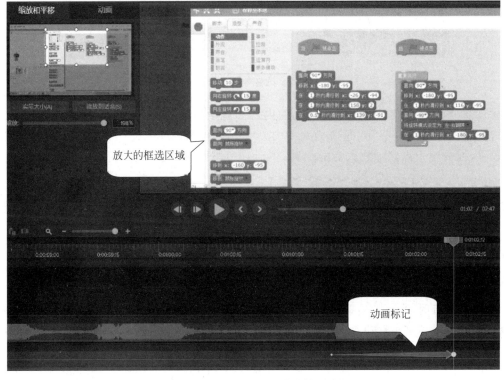

图 7.10　动画标记和放大的区域

（3）单击"播放"按钮就可以看到视频由全屏状态逐渐放大到了指定的框选区域，这样可方便看清这个局部内容，以突出对这部分内容的讲解与操作，如图 7.11 所示。

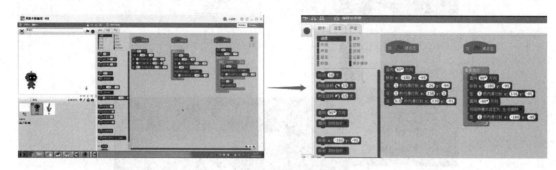

图 7.11　放大效果

（4）在默认情况下，缩放动画的持续时间是 1 秒，这个持续时间是可以改变的。缩放标记的起点是一个较小的白色标记点，终点是一个较大的白色标记点，二者之间是青色箭头。当将鼠标指针放置到这两个标记点上时，鼠标指针变为双箭头指针，按下鼠标拖动可以改变缩放标记的长度。拖动终点标记时，终点标记变为红色，箭头变成黄色。拉长动画标记，动画的持续时间将增长，反之则缩短。将鼠标指针放置到缩放标记上或改变标记长度时，轨道上将显示动画的开始时间和持续时间，如图 7.12 所示。

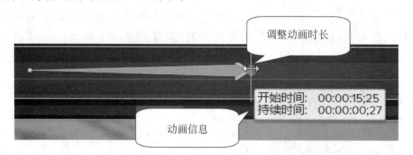

图 7.12　改变效果持续时长

（5）如果觉得重点区域外还有杂乱的内容干扰学生听课，可以配合使用"聚光灯注释"效果，使重点区域高亮显示，这样效果更佳。单击"注释"按钮，选择"模糊 & 高亮｜聚光灯"效果，拖放至重点区域放大后的位置，然后在"属性"面板上设置聚光灯强度，如图 7.13 所示。

 是否使用其他注释手段进行强化，可以根据画面上的重点区域内容是否突出来恰当选用。它的时长也应该根据重点区域出现的时长来调整。

7.2.2　在微课视频中添加平移效果

在播放视频时，画面从屏幕上的一点移动到另一点，就能给人一种镜头移动的效果。利用平移效果可以模拟镜头移动效果。例如，将框选区域平移到另一处，实现重点区域的转移，如图 7.14 所示。

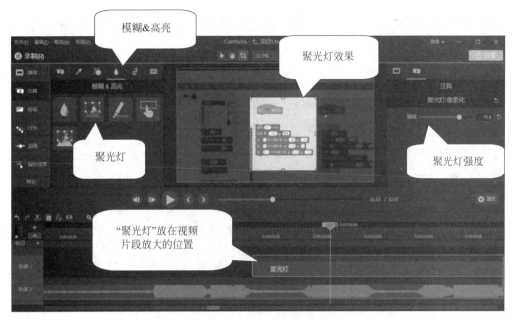

图 7.13 聚光灯效果

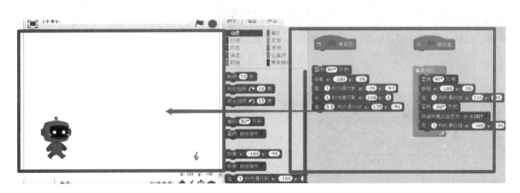

图 7.14 重点区域平移

下面介绍在 Camtasia Studio 编辑器中制作平移效果的具体步骤。

（1）在时间轴面板中将播放头放置到需要添加平移效果的起始位置，在"缩放和平移"选项卡视频窗口中拖动控制柄以重新设定其框选区域，如图 7.15 所示。

（2）将播放头放置到需要添加平移效果的结束位置，在"缩放和平移"选项卡视频窗口中拖动框选区域到要平移的位置，如图 7.16 所示。

（3）在默认情况下，平移动画的持续时间是 1 秒，可以拖动标记改变平移的时长，如图 7.17 所示。

 如果框选区域既移动了位置，又缩放了大小，那么最终的动画效果既有平移效果又有缩放效果。

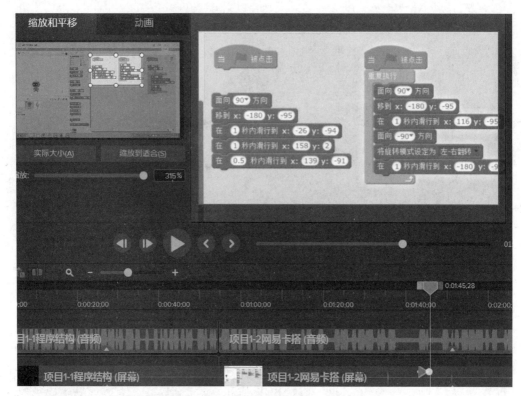

图 7.15 框选区域

图 7.16 平移框选区域

图 7.17 调整平移时长

7.2.3 快速恢复实际大小和适合画布

缩放和平移结束后,常常要恢复到原始的大小或位置,以方便转到下一次内容的讲解。实际上,恢复实际大小和适合画布,也是一种缩放和平移动画效果。

将播放头放到要恢复的位置,单击"缩放和平移"选项卡视频窗口中"实际大小"或"缩放到适合"按钮,如图 7.18 所示。

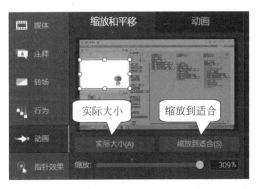

图 7.18 "实际大小"按钮和"缩放到适合"按钮

单击"实际大小"按钮或者"缩放到适合"按钮都是恢复到原始的大小,区别在于前者是在以框选区域的中心点为中心恢复到实际大小,后者是以画布的中心点为中心恢复到实际大小,如图 7.19 所示。

图 7.19 "实际大小"与"缩放到适合"的区别

在轨道上选择缩放动画标记后右击,选择关联菜单中的"删除"命令可以将其删除,删除标记就能删除添加的缩放效果。在选择轨道上的标记后按 Delete 键也可以将动画效果删除。在轨道上拖动缩放动画标记能移动标记在轨道上的位置,标记的位置决定该动画开始的时间。

7.3 微课视频中的特效 3——光标效果

在制作某些微课视频时需要对鼠标指针进行强调,以突出指针的运动,表现鼠标的动作。这种光标效果可以在视频录制时添加,也可以在 Camtasia Studio 编辑器中添加。

7.3.1 让鼠标光标更醒目

在使用 Camtasia Studio 录像机进行屏幕录制时,录像机会记录下鼠标指针的动作,例如其移动轨迹、单击或右击动作等。在 Camtasia Studio 编辑器中对视频进行编辑时可以为鼠标指针添加特效,以改变其外观,表现其动作。

在课堂上授课时,教师可以使用手势、教鞭和激光笔等形式来指示黑板上的重点内容。在微课视频中,伴随讲解教师可以使用鼠标指针来指示相关的内容,这样就需要鼠标指针直观、醒目,能够将学生的目光吸引到指针的位置。

要达到这样的目的,常规样式的鼠标指针是不行的。默认的鼠标指针样式在录制完成的视频中往往显得较小,不够突出,很多时候甚至无法看清,此时就需要为鼠标光标添加高亮效果了。

(1) 在 Camtasia Studio 编辑器中打开"7_项目 1.tscproj",单击"指针效果"按钮打开相应的功能区面板,在"指针效果"选项卡中选择"指针高亮"选项,将其拖放到视频轨道上,在预览窗口就可以看到鼠标指针会被一个黄色的半透明光圈包围,这样鼠标光标在屏幕上就显得很突出了,如图 7.20 所示。

(2) 在"属性"面板上单击"指针属性"按钮,在其中拖放滑块可以设置指针的大小及不透明度;还可以设置高亮区域的颜色、不透明度、大小;调整"柔软度"值可以改变高亮区域边界

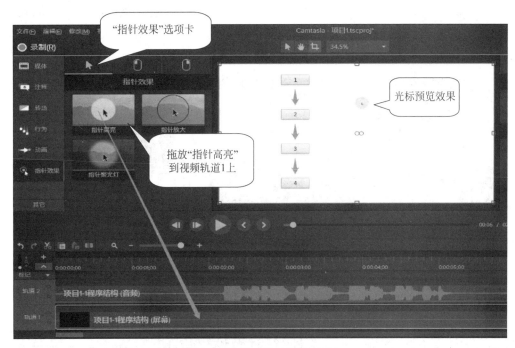

图 7.20　添加"指针高亮"效果

处的柔化区域的强度,其值越大则边界处显得越柔和;设置"淡入"和"淡出"可以给高亮区域加上一个淡入淡出效果,如图 7.21 所示。

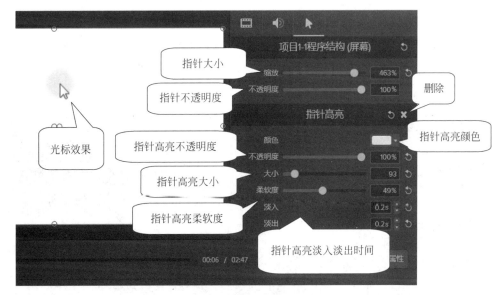

图 7.21　设置高亮效果

(3) 在"属性"面板的"指针属性"选项卡下单击"指针高亮"右侧的"删除"按钮 ✖ 删除指针高亮效果。

(4) 在"指针效果"选项卡中选择"指针聚光灯"选项,将其拖放到视频轨道上,在"属性"面板上对指针属性进行设置。其中,"指针聚光灯"选项卡下的"大小"可以设置聚光的范围,

"饱和度"用来设置聚光区域外的颜色饱和度,"模糊"用来设置聚光区域外的模糊程序,在预览窗口就可以看到,指针处十分明亮,鼠标光标处的内容在屏幕上就显得很突出了,如图7.22所示。

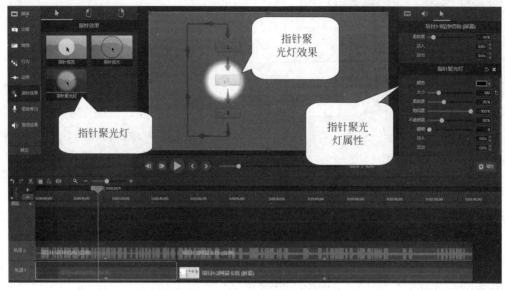

图7.22 指针聚光灯效果

（5）在"属性"面板的"指针属性"选项卡下单击"指针聚光灯"右侧的"删除"按钮 删除指针聚光灯效果。

（6）在"指针效果"选项卡中选择"指针放大"选项,将其拖放到视频轨道上,在"属性"面板上对指针属性进行设置。其中,"指针放大"选项下的"大小"可以设置放大范围,"缩放"可以缩放指针区域的内容。在预览窗口就可以看到,鼠标指针处的内容在屏幕上被放大了,十分突出,如图7.23所示。

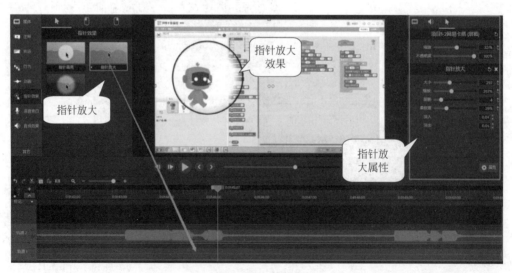

图7.23 指针放大效果

7.3.2 让学生看见鼠标动作

在制作微课(特别是信息技术类微课)时,有时需要在视频中表现出当前进行的鼠标动作,例如,鼠标是否有按键动作,是左键单击还是右键单击。在 Camtasia Studio 编辑器中可以为鼠标的单击动作添加特效,以直观表现这两个动作。

(1) 在 Camtasia Studio 编辑器中打开"7_项目1.tscproj",单击"指针效果"按钮打开相应的功能区面板,在"左键点击"选项卡中选择"左键点击目标"选项,将其拖放至视频轨道,在"指针属性"面板上设置"左键点击目标"的各个属性参数,如图7.24所示。在 Camtasia Studio 编辑器中如果使用了"左键点击目标"效果,则当鼠标左键单击时,将会在鼠标指针处出现一个绿色环状圆圈动画,这表示当前的鼠标动作是左键单击。

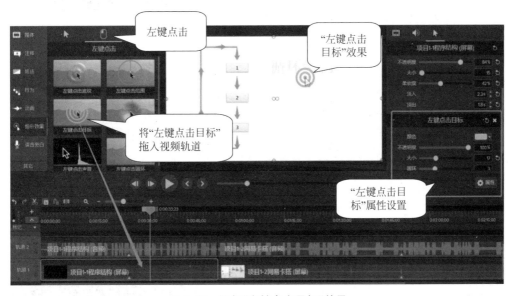

图7.24 添加"左键点击目标"效果

在"左键点击目标"面板上,调整"颜色"设置圆圈的颜色,调整"大小"值可以更改效果圆圈的大小,调整"圆环"用以设置它的圆环数量,调整"持续时间"的值能够更改效果动画的持续时间。

(2) "左键点击"选项卡下的特效还有很多种,包括"左键点击波纹"特效、"左键点击范围"特效、"左键点击扭曲"特效、"左键点击圆环"特效和"左键点击声音"等,部分效果如图7.25所示。

(3) "左键点击"特效是可以多种效果叠加的,例如,在添加了"左键点击圆环"特效后,可以再添加"左键点击声音"特效,那么在视频中单击左键时,会在指针处显示有圆环动画,同时发出单击的声效,如图7.26所示。

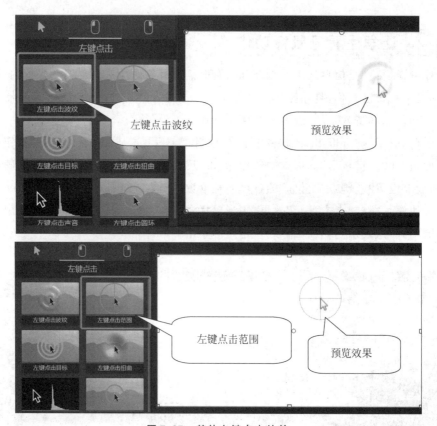

图 7.25　其他左键点击特效

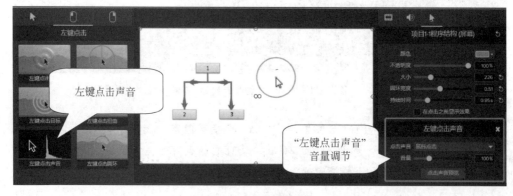

图 7.26　特效叠加

　　Camtasia Studio 编辑器虽然可以同时添加多种指针效果，但并不建议使用多种特效叠加，以免指针特效混乱，影响对鼠标操作的判断。同时由于指针效果被突出显示，所以在录屏的时候使用鼠标操作要规范，避免错误杂乱的鼠标操作被放大，反而影响学生的观看。

　　（4）除了"左键点击"特效，Camtasia Studio 编辑器还提供了"右键点击"特效，它的添加与设置和"左键点击"是类似的，如图 7.27 所示。

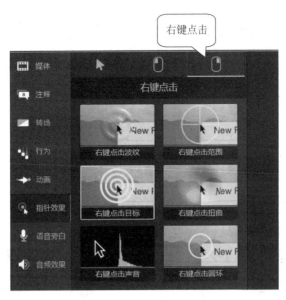

图 7.27 "右键点击"特效

（5）由于"左键点击"特效与"右键点击"特效非常相似，为了避免无法判断是左击还是右击，应该避免选择相同的特效，如图 7.28 所示。

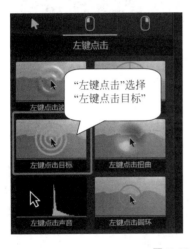

图 7.28 区分左右键特效

7.4 微课视频中的特效 4——对象视觉属性效果

在 Camtasia Studio 编辑器中，对象在屏幕上的位置、大小、旋转角度、不透明度以及是否有投影效果和是否带有边界等都称为视觉属性。使用 Camtasia Studio 编辑器可以对对象的视觉属性进行更改，以改变对象在视频中的外观特征。Camtasia Studio 编辑器的可视化属性的设置能力并不十分强，但灵活应用也能够在视频中创建一些常见的视觉效果。本节将介绍对象视觉属性的设置方法和技巧。

7.4.1 对象的视觉属性

在 Camtasia Studio 编辑器中,对象在屏幕上的大小、位置、不透明度和旋转角度称为对象的视觉属性。本节将介绍这些视觉属性在微课视频中的应用。

1. 调整对象的大小

在视频中添加媒体,无论是文字、图形、图片和视频片段,都需要调整其在屏幕上显示的大小。调整对象的大小既可以通过在"视频预览"窗口中直接拖动对象边框上的控制柄来进行调整,也可以通过调整对象的"尺寸"值来进行精确调整。

打开"7_项目 2.tscproj",选择预览窗口中的"世界地图"图片,打开"视觉属性"面板,拖动"缩放"滑块或直接在其后的输入框中输入百分比值,即可调整图片的大小,如图 7.29 所示。

图 7.29 调整对象的大小

2. 调整对象的位置

Camtasia Studio 编辑器屏幕的定位是基于一个三维坐标系,该坐标系的坐标原点位于屏幕的中心,X 轴为水平轴,以向左为正方向,向右为负方向;Y 轴为垂直轴,以向上为正方向,向下为负方向;Z 轴为垂直于屏幕的方向,以面向观众的方向为正方向,如图 7.30 所示。

在调整对象在屏幕上的位置的时候,可以使用鼠标来改变其在 X 轴和 Y 轴这两个方向上的位置,但无法改变对象在 Z 轴方向上的位置。如果需要改变对象在 Z 轴方向上的位置,只能在"视觉属性"面板中通过设置 Z 值来实现。打开"视觉属性"面板,在"位置"项中直接输入 X、Y、Z 值,即可调整对象的位置,如图 7.31 所示。

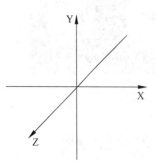

图 7.30 Camtasia Studio 屏幕坐标系

Camtasia Studio 编辑器没有像 PowerPoint 那样提供用于对象对齐的命令,要对多个对象进行左对齐、右对齐或居中对齐等操作,使用鼠标拖动的方式就不够准确,此时可以通过直接设置对象的 X 值和 Y 值来实现。

图 7.31　设置对象的位置值

3. 调整对象的不透明度

不透明度是对象的一个基本属性,其值的大小决定了位于该对象下层的对象能够显示出来的程度。当不透明度为 100% 时,当前的对象完全显示,位于其下层的对象将无法显示;而当不透明度为 0% 时,当前的对象将不显示,位于其下层的对象将能够完全显示。

在"视觉属性"面板上,拖动"不透明度"滑块或直接在其后的输入框中输入百分比值,即可调整对象的不透明度,如图 7.32 所示。

图 7.32　设置对象的不透明度

4. 调整对象的旋转角度

Camtasia Studio 编辑器允许用户调整对象在屏幕上的旋转角度,使对象绕 X 轴、Y 轴和

Z轴旋转,使用该功能能够获得三维立体效果。下面通过一个实例来介绍对象旋转角度的应用。

(1) 打开"7_项目2.tscproj",在"视觉属性"面板中将图片绕Y轴旋转的角度设置为60°。在预览窗口调整图片的大小和位置,如图7.33所示。

图7.33 设置图片绕Y轴的旋转角度

(2) 在图片上右击,在弹出的快捷菜单中选择"复制"命令,然后选择"粘贴"命令得到一个图片的副本,调整其位置到原图的下方,如图7.34所示。

图7.34 复制图片并调整位置

(3) 在"视觉属性"面板上设置新图片的旋转X值为180°、Y值为−60°,从而获取图片的垂直翻转效果,如图7.35所示。

(4) 在"视觉属性"面板上设置新图片的不透明度值为11%,从而获得图片的倒影效果,如图7.36所示。

图 7.35 设置旋转 X、Y 值

图 7.36 制作图片倒影效果

7.4.2 对象的视觉效果

使用 Camtasia Studio 编辑器可以为对象添加一些特效以改变其视觉外观,获得更好的视觉效果,能够为对象添加的视觉效果包括投阴影、边框、着色、颜色调整、删除颜色等。

1. 阴影效果

阴影是一种十分常见的视觉效果,它模拟的是对象在光线照射下的影子,能够让对象获得立体感。

打开"7_项目 2.tscproj",在预览窗口中选择"世界地图"图片,单击"视觉效果"按钮,打开"视觉效果"选项卡,选择"阴影",将其拖放到轨道上或预览窗口的对象上,即可添加阴影效果,如图 7.37 所示。

图 7.37 阴影效果

 如果没有显示"视觉效果"按钮,可以单击"其他"按钮,然后再单击"视觉效果"按钮。

在"属性"面板的"阴影"选项中对阴影的参数进行设置,更改"距离"的值可以改变阴影与对象之间的距离,更改"角度"的值可以改变阴影的方向,更改"不透明度"值可以改变阴影的不透明度,更改"模糊"值可以改变阴影的模糊程度,还可以设置阴影的淡入淡出效果等,如图 7.38 所示。

图 7.38 设置阴影的参数

2. 边框效果

使用 Camtasia Studio 编辑器能够为对象添加包围其边界的边框效果,为对象添加边框效果是一种简单而又十分有效的修饰对象的方法。

在"视觉效果"选项卡中选择"边框",直接将其拖放到预览窗口的对象上,就完成了边框的添加。在"属性"面板的"边框"选项中,在"颜色"列表中选择相应的选项设置边框的颜色,调整"厚度"值设置边框的宽度,如图 7.39 所示。

图 7.39 边框效果

3. 着色效果

在"视觉效果"选项卡中选择"着色",直接将其拖放到预览窗口的对象上,就完成了着色效果的添加。在"属性"面板的"着色"选项中,在"颜色"列表中选择相应的选项设置对象的颜色,调整"量"值设置色彩量,如图 7.40 所示。

图 7.40 着色效果

4. 颜色调整效果

在"视觉效果"选项卡中选择"颜色调整",直接将其拖放到预览窗口的对象上,就完成了颜色调整效果的添加。在"属性"面板的"颜色调整"选项中,拖动滑块或输入数值以设置亮度、对比度、饱和度、淡入、淡出等参数,如图 7.41 所示。

5. 删除颜色效果

"删除颜色"可以删除对象中某一颜色,从而使该颜色处变为透明色。在"视觉效果"选项

图 7.41 颜色调整效果

卡中选择"删除颜色",直接将其拖放到预览窗口的对象上,就完成了删除效果的添加。在"属性"面板的"删除"选项中,拖动滑块或输入数值以设置各参数,如图 7.42 所示。

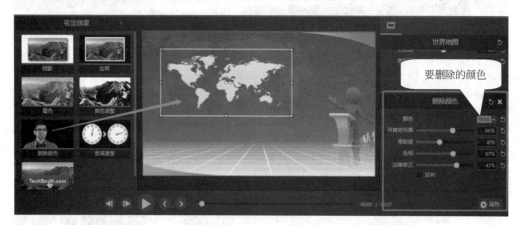

图 7.42 删除颜色效果

在去除背景颜色时,可以通过调整"可接受范围""柔软度""色相"和"边缘修正"的值来对操作进行设置以获得满意的去色效果。很多时候,背景的颜色不会是单纯的一种颜色,"容差"值决定了清除的颜色与设置颜色的相近程度,容差值设置得越大,清除的相近颜色就越多,反之去除的颜色就越少。

如果背景颜色不是很单纯,会出现去色后图片中存在残留颜色的情况,此时可以通过调整"柔软度"的值来去除这些残留颜色。同样地,如果保留下来的图像边界处出现了明显的残留颜色,就像图像边界添加了一圈边框那样,此时可以通过调整"去边"值将它们尽量地去掉。

另外,调整"色相"的值,可以对选择去除颜色的色相进行调整。勾选"反向效果"复选框,将会把选择颜色反向后得到的颜色去除。

"删除颜色"功能对于去除比较单纯的背景颜色还是比较有效的,如果背景颜色比较复杂,使用此方法无法达到满意效果。这时,应该使用专业的图像处理软件(如 Photoshop)来抠取图像,将图像保存为 PNG 文件格式后再应用到项目中。

第8章
如虎添翼——用Camtasia Studio "创" 动画

Camtasia Studio能制作动画吗？回答是肯定的：能！使用Camtasia Studio编辑器能够对轨道上对象的位置、大小和角度等属性进行调整，调整前后的属性变化可以按照动画的形式呈现。因此，使用Camtasia Studio编辑器可以制作简单的对象动画效果，灵活地应用这些简单的动画效果，将它们组合起来，就可以创建复杂的动画效果。

本章主要内容：
- 行为和动画
- 文字动画设计
- 图形动画设计
- 图像动画设计

8.1 行为和动画

在 Camtasia Studio 编辑器中实现动画的方法主要是通过"行为"和"动画"这两个功能,它们在本质上是一样的,行为是一种特殊的动画,动画是一种简约的行为。

在 Camtasia Studio 编辑器中,动画主要是用在图片、视频等媒体上,行为主要是用在文字媒体上,但这并不等于说动画只能用于图片媒体、行为只能用于文字。如果把一行文字看作一个图片,那么它同样可以使用动画;同样,如果把图片看作一行文字中的一个符号,那么它同样也可以使用行为。

行为和动画所呈现的方式也不相同,一个行为由三部分动画组成:进入、持续、退出,其设置在属性面板上进行。而动画是在开始点与结束点设置不同的属性,那么它们之间就形成一段动画。

8.1.1 行为的基本操作

在 Camtasia Studio 编辑器中行为的操作非常简单,而效果非常显著,使用行为效果常常能使微课锦上添花。行为的基本操作包括添加行为、叠加行为、删除行为等。

(1) 打开"8_项目 1.tscproj",如图 8.1 所示。

图 8.1 打开素材项目

(2) 单击"行为"按钮,打开"行为"选项卡,在该选项卡下包含常用的行为,如漂移、褪色、下落和弹跳、弹出、脉动、揭示、缩放、偏移、滑动等。选择"漂移"行为将其拖放到文本所在的轨道 3 上,即为文本添加了漂移行为,如图 8.2 所示。此时拖放播放头,就可以看到文本的"漂移"行为效果。

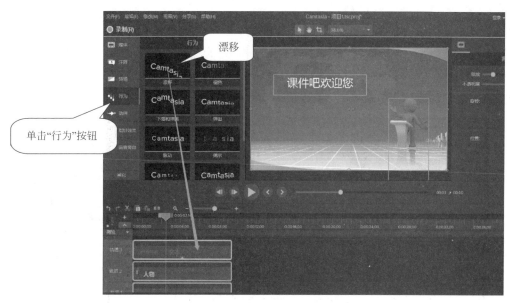

图 8.2 添加行为

（3）在同一个媒体上，可以叠加多个行为效果。按照步骤（2）的方法，再为文本添加"褪色"行为，如图 8.3 所示。这样，拖放播放头，文本就同时显示漂移行为和褪色行为。

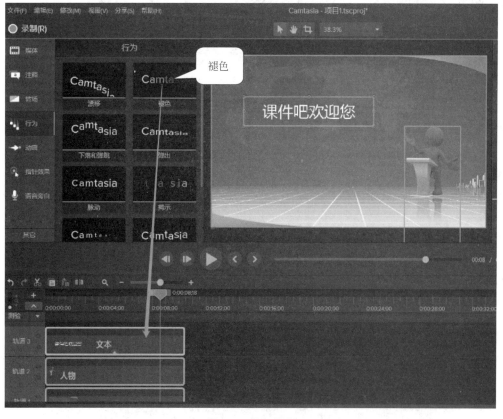

图 8.3 叠加行为

专家点拨 也可以将某个"行为"效果,直接拖放到预览窗口中的某一媒体上,完成行为的添加。

(4)单击预览窗口中的文本或文本所在的轨道,则"属性"面板会显示出文本已添加的行为,单击"行为"选项中"删除"按钮 ,就可以删除该行为,如图 8.4 所示。

图 8.4 删除行为

8.1.2 行为的属性设置

在 Camtasia Studio 编辑器中,行为的属性设置都在"行为属性"面板上进行。一个行为由进入、持续、退出三部分动画组成,添加的行为具有默认的设置,可以根据需要对行为进行重新设置,如图 8.5 所示。其实就是对行为的三部分动画进行设置。

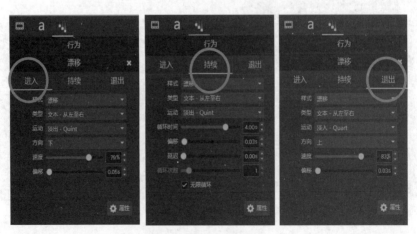

图 8.5 "行为属性"面板

(1) 单击已添加行为的文本,预览窗口右侧就弹出"行为属性"面板。这里对"漂移"行为的"进入"项进行设置,在"样式"下拉列表框中选择"弹入",如图 8.6 所示。

(2) 在"类型"下拉列表框中包含两个选项,"对象"是指将文本中所有的字符作为一个完整的图形对象进行设置;"文本"是指将文本中每个字符作为独立的图形进行设置。这里设置"类型"为"文本-从左至右",如图 8.7 所示。拖动播放头,则可以看到一个个文本字符从左至右弹入的动画效果。

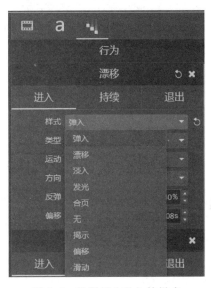

图 8.6 设置行为进入的样式

图 8.7 设置行为类型

(3) 在"运动"下拉列表框中选择"弹跳"。拖动播放头,则可以看到一个个文本字符从左至右弹入的同时,叠加了"弹跳"运动效果,如图 8.8 所示。

图 8.8 设置行为运动

（4）在"方向"列表框中选择"下"。拖动播放头，则可以看到文本自下向上进入，如图8.9所示。

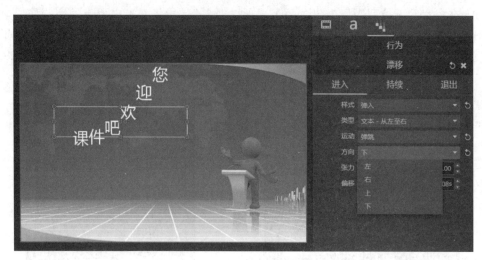

图8.9　设置行为方向

（5）拖动"张力"滑块，可以调整文本进入的幅度；拖动"偏移"滑块，可以调整文本间的偏移量，如图8.10所示。

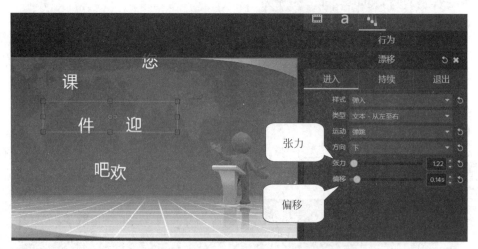

图8.10　设置行为张力和偏移

（6）行为的"持续"项和"退出"项的设置与"进入"项的设置基本相同，如图8.11所示。

8.1.3　动画的基本操作

在Camtasia Studio编辑器中提供了很多非常实用的动画效果，使用起来非常方便，直接将其拖放到轨道上即可。下面通过实例讲解具体的操作步骤。

（1）打开"8_项目1.tscproj"，单击"动画"按钮，然后切换到"动画"选项卡，其中内置了自定义、按比例放大缩小、向左向右倾斜、智能聚焦等10种动画效果，如图8.12所示。

（2）单击"自定义"动画，将其拖放到人物所在的轨道2上，则轨道上出现了一个短箭头，单击这个箭头，会打开"视觉属性"面板，如图8.13所示。

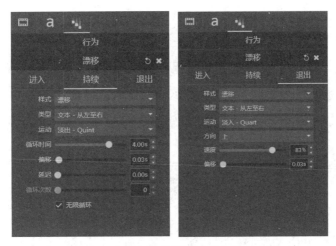

图 8.11 设置行为的"持续"项和"退出"项

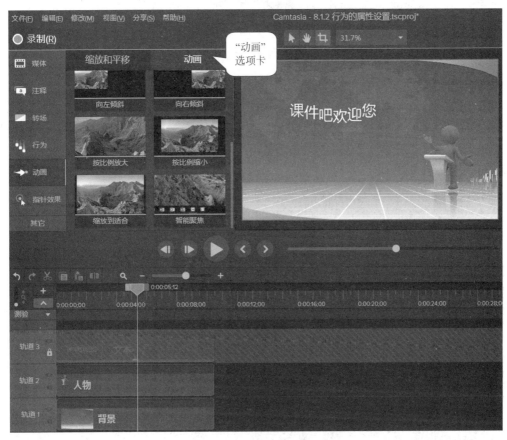

图 8.12 "动画"选项卡

（3）在添加了动画的轨道上，当鼠标指针移到"动画开始时间标记"（即动画箭头前面的小白点）上时，指针变为双箭头，按下鼠标拖动可以拉长动画长度。同样可以拖动"动画结束时间标记"（即动画箭头后面的白点）调整动画长度。直接拖动动画箭头可以调整动画标记的位置，如图 8.14 所示。

图 8.13 添加动画

（4）单击"动画开始时间标记"，将预览窗口中的人物拖至舞台外，然后单击"动画结束时间标记"，将预览窗口中的人物拖至舞台右侧，如图 8.15 所示。此时拖动播放头，人物将从舞台外滑进舞台右侧。

图 8.14 调整动画长度和位置

图 8.15 调整人物位置

8.1.4 动画的属性设置

添加动画后如果想对动画效果进行编辑，可以在轨道上调整动画时间标记以及在舞台上调整媒体位置来实现，还可以通过"视觉属性"面板来进行精确调整。

（1）单击"动画开始时间标记"，在"视觉属性"面板中，设置人物"缩放"为100%，"不透明度"为0%，"三维旋转XYZ"值均为0，"位置XYZ"值分别为1200、−500、0，如图8.16所示。

图8.16　调整"开始标记点"人物视觉属性

（2）单击"动画结束时间标记"，在"视觉属性"面板中，对人物的视觉属性进行设置，如图8.17所示。此时拖动播放头可以看到人物从舞台外滑入舞台上，并且人物由小到大、由透明到非透明。

图8.17　调整"结束标记点"人物视觉属性

8.2　文字动画的设计

在微课视频中文字动画是一种常见的动画形式，其以动画的形式让文字出现和消失，能够增强文字的显示效果，让文字更加引人注目。灵活应用Camtasia Studio编辑器的动画和行为,能够创建很多常见的文字动画效果。本节将通过两个典型的文字动画实例来介绍直接使用 Camtasia Studio 编辑器创建文字动画的基本思路和技巧。

8.2.1 文字旋转飞入和飞出效果

文字旋转飞入和飞出是视频中常见的标题文字出场动画效果。当播放视频时,标题文字由小到大旋转飞入,停留一段时间后,文字由大到小旋转消失。下面介绍在 Camtasia Studio 编辑器中制作这种动画效果的方法。

(1) 打开"8_项目 1.tscproj",单击预览窗口中的文本,在"属性"面板中设置文字的颜色,然后在预览窗口中调整它的位置,如图 8.18 所示。

图 8.18 设置文本属性和调整文本位置

(2) 单击"动画"按钮,打开"动画"选项卡,为文本添加"自定义动画",如图 8.19 所示。

图 8.19 添加自定义动画

（3）单击"动画开始时间标记"，在"视觉属性"面板中设置缩放为"1%"，在预览窗口中将文本拖放到合适位置，如图8.20所示。

图8.20　调整开始时间的视觉属性

（4）单击"动画结束时间标记"，在"视觉属性"面板中设置缩放为合适比例，设置"旋转Z值"为720，在预览窗口中将文本拖放到合适位置，使其在画面上突出显示，如图8.21所示。此时播放视频时，文字将由小到大旋转进入。

图8.21　调整结束时间的视觉属性

　　这里输入角度值为正值，对象将逆时针旋转，输入负值时将顺时针旋转。对象旋转的速度由旋转角度和动画持续时长决定，当旋转角度一定时，动画持续时长越短，旋转的速度就越大。动画旋转的圈数由旋转角的大小决定，其值越大旋转圈数就越多。

（5）在时间轴面板中将播放头拖放一段距离后再次添加"自定义动画"，向右拖动动画图标，使两个动画图标分开一段距离，如图 8.22 所示。这样能够保证文字在屏幕上显示一段时间。

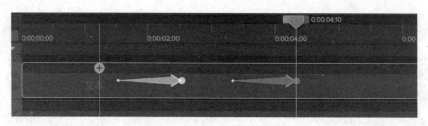

图 8.22 再次添加自定义动画

（6）单击新动画图标的"结束时间标记"，设置文本对象"缩放"为 1％，"不透明度"为 0％，"旋转 Z"为 0。在预览窗口中将其拖放到人物右手部，如图 8.23 所示。这样播放视频时，文字将在旋转的同时逐渐缩小淡出。

图 8.23 调整结束时间的视觉属性

> **专家点拨** 在轨道上添加文字后，在"视觉属性"面板中通过设置"不透明度"，可以获得文字由透明到不透明的淡入动画效果。

8.2.2 注释文字的弹出效果

微课中常常需要对关键文字或图形添加注释，为了集中学生注意力，再在这个注释上添加一个动画效果，就更能吸引学生注意力了。

（1）打开 Camtasia Studio 编辑器，导入图片素材"酒精灯.jpg"，将其拖放到轨道上，延长轨道长度至 50s 左右，如图 8.24 所示。

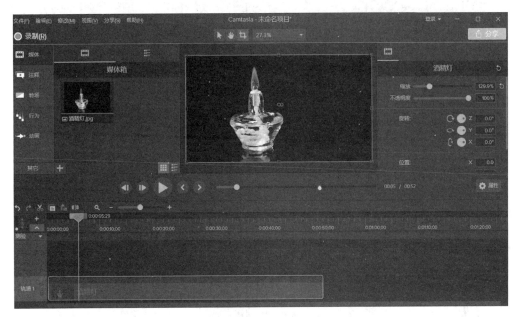

图 8.24　导入素材

(2) 将播放头放置在时间轴上合适位置,单击"注释"按钮,在该位置上添加一个"讲话气泡 2"注释,并修改文字为"外焰"。拖动注释控制柄调整它的位置和大小,让箭头指向酒精灯外焰,如图 8.25 所示。

图 8.25　添加注释

(3) 单击"行为"按钮,打开"行为"选项卡,为注释添加一个"弹出"行为,如图 8.26 所示。

(4) 在"行为属性"面板中,在"弹出"项中设置"进入"项的样式为"淡入";"持续"项的样式为"脉动";"退出"项的样式为"合页",其余参数默认,如图 8.27 所示。

(5) 此时拖动播放头,可以看到注释以弹出动画突出指向酒精灯外焰,使学生对外焰一目了然,印象深刻。

(6) 同样完成酒精灯其他部分的注释,如图 8.28 所示。

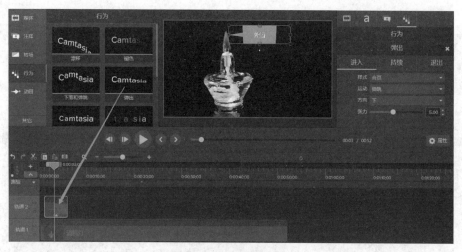

图 8.26 添加弹出行为

图 8.27 设置行为属性

图 8.28 添加其他注释

如果要添加相同的行为,可以用复制、粘贴的办法快速实现。在已完成添加设置行为的注释上右击,在弹出的快捷菜单中选择"复制"命令,然后将播放头移到新注释的位置右击,再选择"粘贴"命令即可。

8.3 图形动画的设计

Camtasia Studio 编辑器的图形绘制能力并不强,但是使用其"注释"功能能够绘制圆形、矩形和直线等简单的图形,将这些简单的图形进行组合能够获得一些需要的几何图形。同样的思路,综合应用 Camtasia Studio 编辑器的转场效果和动画效果,可以在微课视频中创建需要的图形动画效果。本节将借助于 4 个实例引导读者在实际操作中熟悉 Camtasia Studio 编辑器中图形动画的制作理念。

8.3.1 图形叠加动画效果

这是一个水波纹动画效果,视频播放时,多个圆形依次放大显示,图形重叠出现,最后显示标题文字,图形和文字在屏幕上停留一段时间后依次消失。下面介绍动画的具体制作过程。

(1) 启动 Camtasia Studio 编辑器并创建一个新项目,单击"注释"按钮,在"形状"选项卡下,拖放一个椭圆注释,在预览窗口中调整它的形状为正圆。在"视觉属性"面板中删除阴影属性,如图 8.29 所示。

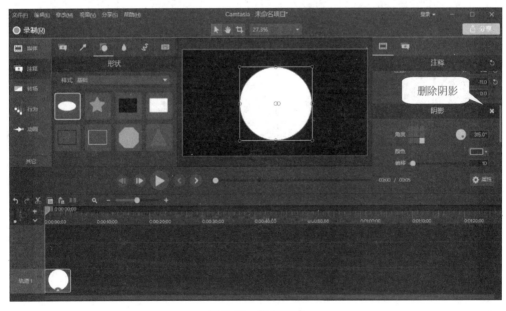

图 8.29 添加形状

(2) 在"注释属性"面板中,设置形状不透明度为 0%,轮廓颜色为白色,轮廓厚度为 4,轮廓不透明度为 100%,如图 8.30 所示。

(3) 单击"动画"按钮,打开"动画"选项卡,给轨道 1 上的圆添加一个"完全透明"动画,并调整动画标记的长度和位置,如图 8.31 所示。

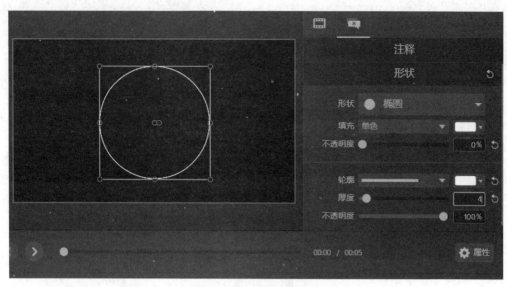

图 8.30 设置注释属性

图 8.31 添加动画

(4) 单击"动画开始时间标记",在"视觉属性"面板上设置"缩放"为"1％",如图 8.32 所示。此时拖动播放头,可以看到一个圆由小变大,并伴随着逐渐透明效果。

(5) 单击轨道 1 上的形状(注意不是动画标记),然后按 Ctrl+C 组合键复制这个形状,如图 8.33 所示。

(6) 将播放头放置在动画开始时间标记滞后一些的位置,然后按 Ctrl+V 组合键,在该位置粘贴复制形状,这个形状被自动放置到新的轨道 2 上,如图 8.34 所示。

(7) 使用上面的方法连续粘贴,共添加 10 个圆,如图 8.35 所示。制作完成后,播放视频就可以获得圆形依次叠加出现的动画效果。

图 8.32 设置开始点的缩放值

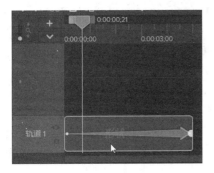

图 8.33 选择形状进行复制

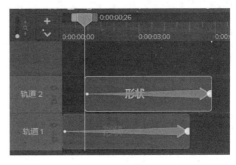

图 8.34 粘贴形状

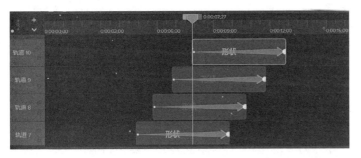 

图 8.35 轨道和显示效果

(8)在项目中添加文字注释,修改文本内容,然后制作文字由小到大的动画效果,如图 8.36 所示。

图 8.36　制作文字动画

至此,动画效果制作完成。

8.3.2　两种计时提示动画效果

在微课视频中有时需要对时间进度进行提示。Camtasia Studio 编辑器无法做到像应用程序那样的精确进度提示,但可以模拟一些常用的进度提示动画。本节将介绍两种常见的计时提示动画的制作方法。

1. 倒计时动画

倒计时动画是视频中一种常见的开场动画效果,通过动画能够表现时间的减少,提醒观众做好准备,尽快进入学习状态。倒计时的表现形式很多,本例将介绍旋转扫描倒计时动画效果的制作过程。在本例的制作过程中主要应用 Camtasia Studio 编辑器的转场效果,下面介绍具体的制作方法。

(1)启动 Camtasia Studio 编辑器并创建一个新项目,使用注释功能绘制一个圆形,在"属性"面板中设置形状"填充"为蓝色,轮廓"厚度"为0,在轨道上调整图形的显示时长为1秒,如图8.37所示。

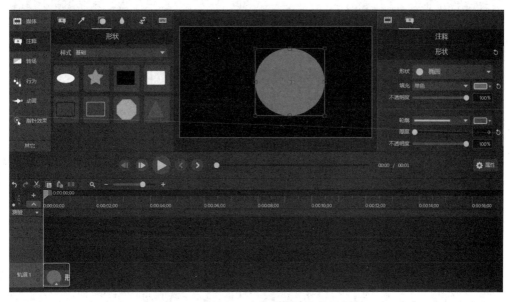

图8.37 绘制一个无轮廓的蓝色圆形

(2)将上一步制作的圆形复制一个,并置于新的轨道2上。在"属性"面板中设置它的形状"不透明度"为0%,"轮廓"颜色为白色,轮廓"厚度"为5,如图8.38所示。

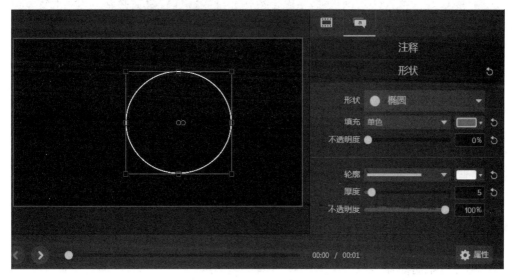

图8.38 设置圆的属性

(3)将上一步制作的圆形再复制三个。在"视觉属性"面板中分别调整它们的"缩放"为75%、50%、25%,使它们成为依次变小的同心圆,如图8.39所示。

(4)分别绘制两条直线,设置直线的"颜色"为白色和"厚度"为5。将两条直线放置在经过圆心的位置,并且使它们互相垂直,如图8.40所示。

(5)打开"转场"选项卡,为轨道1上的蓝色圆形添加"径向擦拭"效果。在轨道上调整转

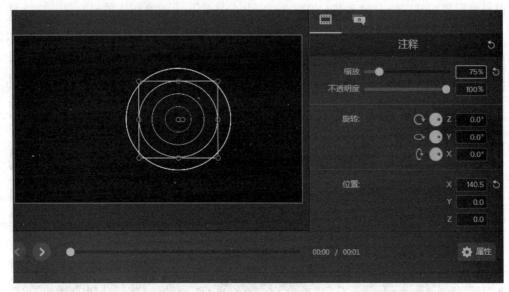

图 8.39 制作同心圆

图 8.40 绘制两条互相垂直的直线

场效果标记的长度,使转场动画的播放时长略小于圆形对象的显示时长,如图 8.41 所示。

(6) 将"轨道 1"的对象片段复制、粘贴 4 个,让这些片段首尾相接,如图 8.42 所示。

(7) 在上层轨道中添加一个文本注释,注释的内容为"5"。在"属性"面板中设置文字的字体、颜色和大小等参数。在轨道上调整文字显示的时长为 1 秒,同时为文字添加"完全透明"动画效果,如图 8.43 所示。

(8) 将文字复制、粘贴 4 个,让这些片段首尾相接,并将文字分别更改为 4、3、2、1,如图 8.44 所示。

(9) 将轨道 2~轨道 7 延时到和轨道 1 同样的长度。至此,本例制作完成。播放视频时,圆形旋转扫描,每扫描一周显示的数字即减小 1,如图 8.45 所示。

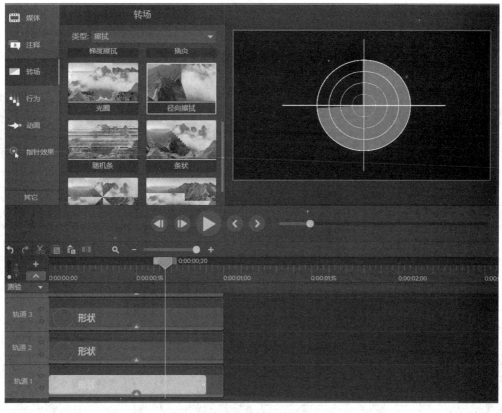

图 8.41 添加转场效果

图 8.42 复制粘贴对象片段

图 8.43 添加文字并设置

图 8.44 复制粘贴文字并修改

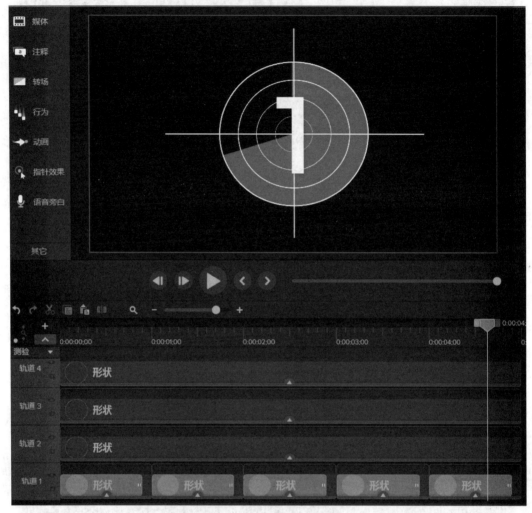

图 8.45 视频播放的效果

2. 进度条效果

在表现事物发展的进度方面,进度条是一种常见的表现形式。视频中的进度条可以作为内容过渡的一种形式,对进度进行视觉上的提示,同时也可以作为吸引学生注意力的一种手段。在 Camtasia Studio 编辑器中制作进度条并不是一件难事,下面介绍具体的制作方法。

(1) 绘制一个细长的蓝色矩形,设置轮廓"厚度"为 0,如图 8.46 所示。

(2) 复制同样的一个矩形,设置"填充"颜色为黑色,使其完全覆盖下面的蓝色矩形,如图 8.47 所示。

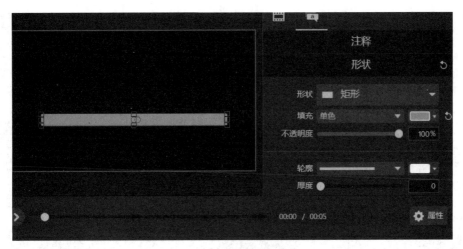

图 8.46 绘制矩形

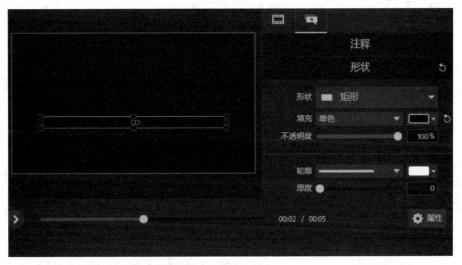

图 8.47 复制图形并修改

（3）选择黑色矩形，为其添加"自定义"动画，并调整动画长度。单击"动画结束时间标记"，按键盘上的向右方向键，将黑色矩形右移使下面的矩形完全显示出来，如图 8.48 所示。在视频播放时，将会出现蓝色的矩形逐渐伸长的进度条动画效果。

（4）进度条需要添加文字提示，这里根据进度条的长度，添加若干文本注释，并调整文本注释的时长，修改文字内容，如图 8.49 所示。这里将黑色矩形的移动动画时长设定为 5 秒，使百分比数字提示每 1 秒更改一次。至此，就完成了带百分比提示的进度条。

8.3.3 图形伸缩和旋转效果

图形的伸缩、旋转是微课中常用的动画效果。在 Camtasia Studio 编辑器中通过调整图形的"缩放"值来实现图形的拉长与收缩效果，通过调整"旋转 X、Y、Z"值来实现旋转效果。本节通过一个实例来讲解这些效果的运用。

（1）打开 Camtasia Studio 编辑器，新建一个 1920×1080 项目，导入图片素材"直尺.png"，将其拖放到轨道上并调整显示时长，在预览窗口中调整好位置，如图 8.50 所示。

图 8.48 添加动画

图 8.49 添加文字获得进度条效果

（2）单击"注释"按钮，打开"形状"选项卡，绘制一个圆形。修改文本内容为"↓"，并设置其文本属性（调整字号、靠下对齐、缩小下边距），如图 8.51 所示。

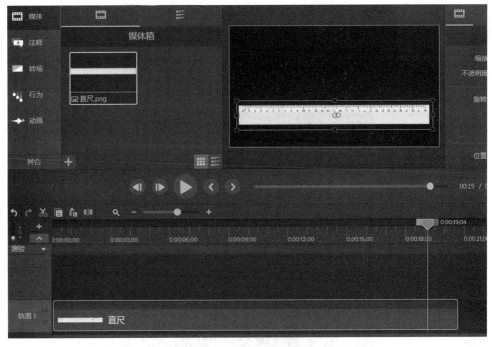

图 8.50 导入素材并调整

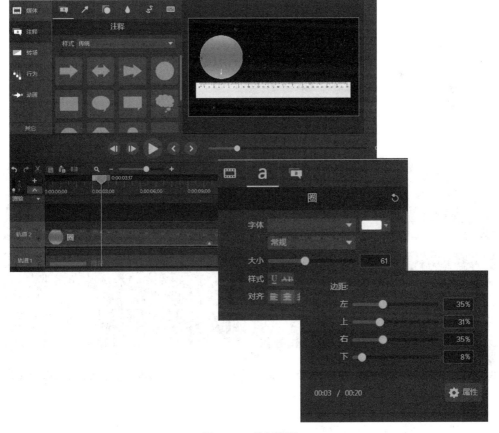

图 8.51 绘制圆形

（3）为圆形添加"自定义动画"，调整动画时长比圆形显示长度略短一些，如图8.52所示。

图8.52 添加动画

（4）调整开始点和结束点圆形的位置，如图8.53所示。

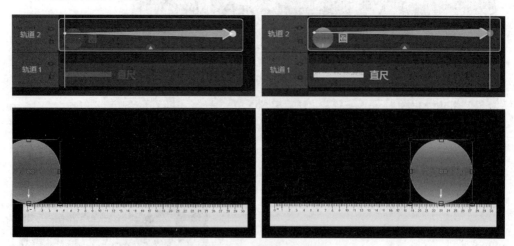

图8.53 调整圆形位置

（5）在"视觉属性"面板中，设置结束点图形的"旋转 Z"为"−360°"，如图8.54所示。

这里输入角度值为正值,对象将逆时针旋转,输入负值时将顺时针旋转。360°正好是一整圈,此时箭头又正好朝下。

(6)新添加一个"直线"注释,设置"边框颜色"为白色,"厚度"为8,将其拖放至直尺0刻度位置,然后为其添加"自定义动画",动画长度与下层的圆动画一致,如图8.55所示。

图8.54 设置旋转

图8.55 绘制直线并添加动画

(7)调整直线动画开始点与结束点上直线的长度,开始点将直线缩为极短,结束点直线的长度正好是圆滚动一周的长度,如图8.56所示。

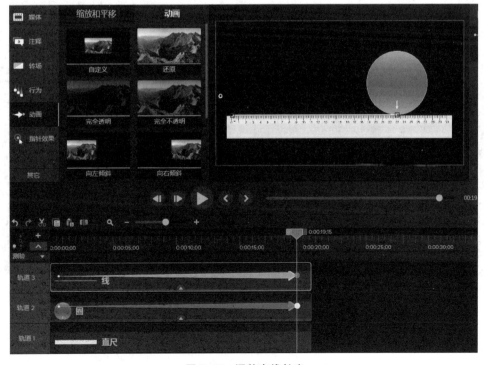

图8.56 调整直线长度

至此，本实例制作完毕，拖动播放头可以看到圆在直尺上滚动一周的同时，直线延长，进而测量出圆的周长。

8.4 图像动画的设计

图像是制作视频时的一种重要素材，由于 Camtasia Studio 编辑器的图形绘制能力并不强，很多授课素材无法直接绘制，这就需要使用其他的图形软件进行绘制，然后将其以图像素材的形式导入到项目中。在微课视频中为了获得更好的视觉效果，图像需要以动画的形式出现。同时，借助于图像的动画可以模拟一些实际的场景，更好地将一些规律直观化，增强微课的效果。本节将借助于 3 个实例来介绍 Camtasia Studio 编辑器中图像动画的制作技巧。

8.4.1 淡入放大动画效果

在微课视频中有时需要依次显示多张图片，为了让图片的出现和消失不显得突兀，可以为图片的进入和退出添加动画效果。Camtasia Studio 编辑器对图片的大小、位置、不透明度和旋转的修改都能够设置为动画，利用这一特性可以方便地制作一些常见的图片切换动画效果。本节介绍一个常见的图片切换动画效果，视频播放时一张图片逐渐放大到正常大小，同时图片由透明变为不透明，图片在屏幕上停留一段时间后缩小消失，图片也逐渐变得透明，第 1 张图片消失后，第 2 张图片重复上述动画过程显示。

（1）启动 Camtasia Studio 编辑器并创建项目，导入图片素材"背景 1.jpg"。在轨道上放置背景图片并添加标题文字，如图 8.57 所示。

图 8.57 放置背景图片和标题文字

（2）在轨道上放置图片素材"图片 1.jpg"，调整其至合适大小，然后为其添加"完全不透明"动画，并调整动画时长，如图 8.58 所示。

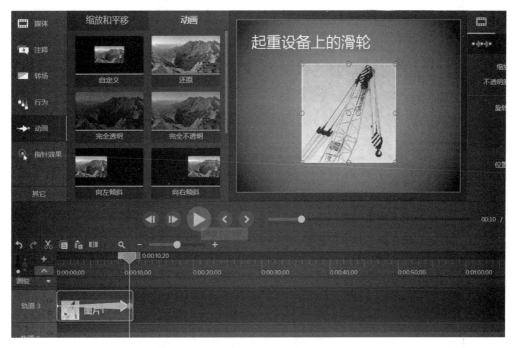

图 8.58　添加完全不透明动画

（3）设置动画开始点上图形的"缩放"为 1%，"不透明度"为 0%，如图 8.59 所示。视频播放时图片将逐渐放大显示，并由不透明变为透明。

图 8.58　设置动画开始点的视觉属性

（4）调整"图片 1"的显示时长，在图片显示一段时间后添加"完全透明"动画，默认视频属性参数，如图 8.59 所示。播放视频时，图片将淡化消失。

（5）在轨道上放置图片素材"图片 2.jpg"，使其显示时长与第 1 张图片相同。为图片 2 添加与第 1 张图片相同的动画效果，如图 8.60 所示。

图 8.59 添加完全透明动画

图 8.60 放置第 2 张图片并添加动画效果

 这里在制作时,由于图片是依次出现,因此图片可以首尾相接地放置在一个轨道上。同时,在设置图片的"尺寸"值时,应该根据不同图片的大小来进行设置,使它们显示的大小一致。本例只添加了两张图片,在制作时可以根据需要继续进行图片的添加。

8.4.2 实验演示动画

在很多微课中都需要利用动画来演示实验的过程,一般情况下,这类动画可以使用专业的动画制作软件(如 Flash)来制作。实际上,Camtasia Studio 编辑器也能制作一些常见的实验演示类动画,本节将介绍制作一个滑轮演示动画的过程。这里在视频播放时手向下拉动绳子,滑轮组中的定滑轮和动滑轮旋转,同时动滑轮和所挂物体上移,对应挂绳的长度改变。下面介绍动画的制作过程。

(1) 启动 Camtasia Studio 编辑器并创建白色背景的项目,将图片素材"墙面.png""挂钩.png""滑轮.png""挂钩和重物.png""手.png"导入到剪辑库中。在轨道上分别放置图片对象,调整它们在屏幕上位置,如图 8.61 所示。

(2) 利用"注释"中的"直线",在滑轮之间绘制三条直线作为拉绳。在"视觉属性"面板中设置直线厚度为 5,颜色为黑色,这样与"手.png"中的线条保持一致。手拉绳图片带有一段拉绳,在其前端与上面的定滑轮之间添加一条直线作为拉绳,用于在手拉绳图片移动后填补空白,如图 8.62 所示。

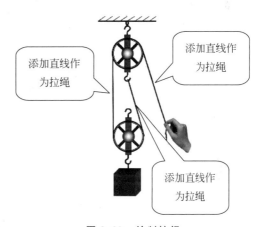

图 8.61 导入素材并调整位置　　　　图 8.62 绘制拉绳

(3) 首先制作动滑轮上的挂钩和重物向上运动的动画。在这两个轨道上添加"自定义"动画,两个动画长度和位置保持一致。按下 Shift 键,依次单击两动画的结束点,按向上方向键将两图形向上移动,如图 8.63 所示。

　　动滑轮的运动必须与重物的运动同步,它们移动距离应该相等。为了精确设置它们的位置,使它们在垂直方向上一起移动,这里没有使用鼠标拖移的方式,而是用方向键来调整精确的位移。

(4) 制作动滑轮旋转上移的动画效果。单击动滑轮动画结束点,在"视频属性"面板中设置动滑轮"旋转 Z"值为"-360°",如图 8.64 所示。这样动滑轮在向上移动的同时将顺时针旋转。

(5) 制作定滑轮旋转动画。为上方的定滑轮所在轨道添加"自定义"动画,它不需要移动位置,只需要设置结束点"旋转 Z"值为"-360°"就可以了,如图 8.65 所示。

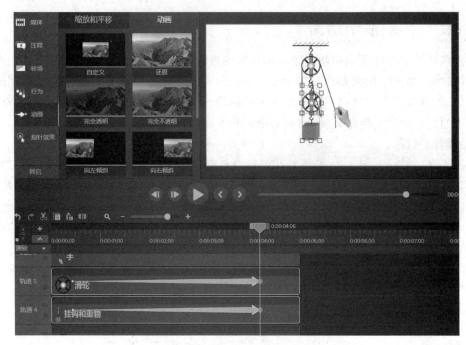

图 8.63　制作动滑轮、挂钩和重物上移的动画

图 8.64　设置动滑轮旋转 Z 值

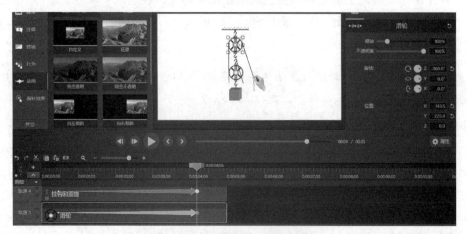

图 8.65　设置定滑轮旋转 Z 值

（6）制作手拉绳移动动画。手拉绳是一张图片，为其添加"自定义"动画，这里只需要让其斜向下移动一段距离就可以了。设置动画长度与动滑轮动画长度保持一致。手拉绳图片前后位置的对比如图8.66所示。

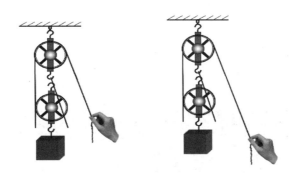

图8.66 手拉绳前后位置对比

（7）制作挂绳动画。左侧两条拉绳应该随着动滑轮的上升同步缩短，为这两条拉绳所在的轨道添加"自定义"动画，动画长度与动滑轮动画长度保持一致。调整结束点直线的长度和位置，使对象的运动同步，如图8.67所示。

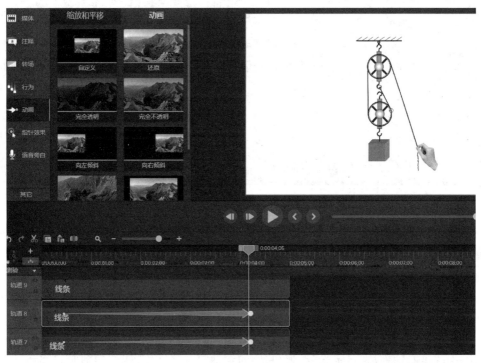

图8.67 设置挂绳动画

这里要注意对象所在轨道间的层级关系，利用对象之间的遮盖获得逼真的效果。本例只介绍了上提重物动画制作效果，使用相同的方法可以继续添加下放重物动画效果。限于篇幅，这里不再赘述，有兴趣的读者可以自行制作。

8.4.3 卷轴动画效果

很多文科的教学视频都喜欢使用卷轴的方式来呈现标题,这种呈现内容的形式比较新颖,具有一定的趣味性,有利于引起学生的注意力。在视频播放时,屏幕上的卷轴向两边拉开,卷轴中的画面随着卷轴拉开逐渐呈现。下面介绍卷轴动画的具体制作方法。

(1) 启动 Camtasia Studio 编辑器并创建项目,导入图片素材"画卷.jpg"和"卷轴.png",并分别放置到轨道上。调整这两个图片的大小,然后将"卷轴"复制一个,使其与原图像并排放置,如图 8.68 所示。

图 8.68 导入素材图片并进行设置

(2) 使用"注释"功能添加两个无边框的黑色矩形,调整矩形的大小和位置,使它们遮盖住卷轴内的画面,如图 8.69 所示。

(3) 在时间轴面板中选择最上层的矩形,为该矩形添加"自定义"动画。对动画进行编辑,调整动画标记的位置和时长。单击"结束时间标记",在预览窗口中向左移动矩形使卷轴中的左侧的图画全部显示,如图 8.70 所示。

(4) 同样添加右侧矩形右移的动画效果,如图 8.71 所示。

(5) 为两个卷轴添加"自定义"动画,左侧的卷轴向左移动,右侧的卷轴向右移动。调整各个轨道上的动画长度,使它们一致,这样卷轴在移动时,画面的呈现就会与其同步,如图 8.72 所示。

(6) 添加"注释"文字,对文字样式进行设置,如图 8.73 所示。

(7) 为文字添加"揭示"行为,采用默认设置,如图 8.74 所示。

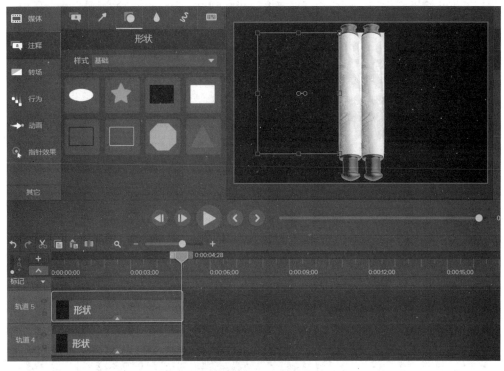

图 8.69 使用黑色矩形遮盖卷轴画面

图 8.70 添加左矩形移动动画效果

图 8.71 添加右矩形移动动画效果

图 8.72　添加卷轴移动动画效果

图 8.73　添加文字

图 8.74 为文字添加行为

（8）导入声音素材"绝句朗诵.mp3"，并将其他轨道上的媒体延长到和音频一样长，如图 8.75 所示。至此本实例制作完毕，微课视频播放时画卷慢慢展开，文字出现的同时响起朗诵。

图 8.75 导入音频

第9章

登峰造极——用Camtasia Studio "检" 效果

　　Camtasia Studio是微课制作的常用工具，它不仅能够实现录屏和视频的编辑，还具有创建交互作品的能力。微课作品具有了交互性，就能够实现学生与教学内容的互动，通过这种互动来检验学生的学习效果。本章将介绍Camtasia Studio交互和测验的实现方法。

本章主要内容：微课中的互动热点
用交互测验检验学习效果

9.1 微课中的互动热点

教学作品交互的一个基本表现形式就是让画面脱离线性呈现的方式,教师或学生能够根据需要来控制播放的画面,这就是画面的跳转。Camtasia Studio 编辑器是通过添加热点的方式来实现交互功能,所谓的热点指的是在屏幕上能够对鼠标的单击动作产生响应的区域。在 Camtasia Studio 编辑器中创建热点有两种方式,一种是给对象创建热点;另一种是设置区域作为热点区域。其实这两种方式的操作方法是相通的,一个媒体对象可以作为一个完整的热点对象,也可以把它划分成若干区域,这样就可以创建热点区域了,当单击响应区域时就可以完成相应的暂停、继续、跳转到某时间、打开网页等操作。

9.1.1 使用热点对象自由跳转

下面将完成一个微课实例"海底世界编程",这个微课分为 3 个环节:课题、授课、测验,其中授课又分为 4 个环节,如图 9.1 所示。将在微课中添加交互功能,当学生学完一个环节后,可以选择再学一遍,从而加深印象;也可以选择学习下一环节。教学过程完后,添加测验,用来检验学习效果。

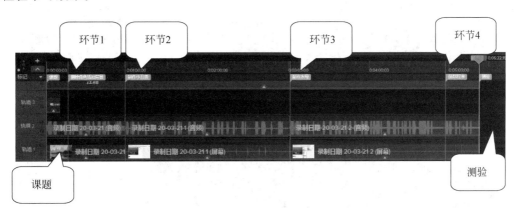

图 9.1 微课结构

详细制作步骤如下。

(1) 在 Camtasia Studio 编辑器中打开"海底世界编程.tscproj",将播放头拖放到"测试"标记前,即教学环节结束点,在此处添加一个草图运动注释,水平翻转一下,让箭头向左,如图 9.2 所示。下面要实现单击它就可以重新观看一遍微课的功能。

(2) 单击"视觉效果"按钮,打开"视觉效果"选项卡,选择"互动热点"选项拖放到轨道上的对象"草图运动注释"上,此时对象就添加了"互动热点"功能,如图 9.3 所示。

(3) 在"视觉属性"面板下的"互动热点"选项中,取消选中"结尾处暂停"复选框,设置时间为 00:00:00,此时单击"测试"按钮,播放头就会跳转到 00:00:00 的位置,即从微课开始的位置重新播放,如图 9.4 所示。

图 9.2　放置作为热点的对象

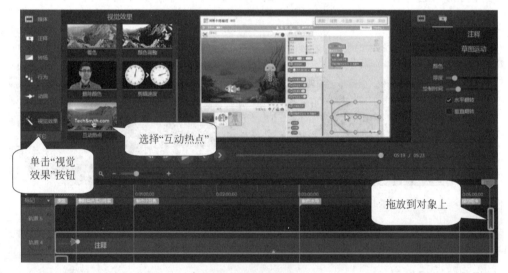

图 9.3　添加互动热点

　　在"互动热点属性"面板中,如果选中"结尾处暂停"复选框,那么"点击继续"单选按钮也将被选中。当播放到热点结尾时,则暂停播放,通过单击热点对象使暂停的视频进行播放。如果选中 URL 复选框,并在其后的文本框中输入 URL 地址,在单击热点对象时将能够打开 URL 指定的网页。

9.1.2　使用热点区域实现菜单效果

前面的操作是直接将对象指定为热点,Camtasia Studio 编辑器还可以将屏幕上的某个矩形区域指定为热点。此时,只需要这个绘制的热点区域框住屏幕上的对象的某部分区域,鼠标单击这个区域就能够获得交互响应。

图 9.4 设置互动热点属性

(1) 在项目"海底世界编程.tscproj"的轨道 4 中,设计的是一个自上而下滑入的菜单,这个菜单上标记着整个教学过程的各个环节。将轨道 4 重命名为"菜单",如图 9.5 所示。这里设计的目的是,单击哪个环节名称,就跳转到相应的内容,所以需要将这个菜单分成若干热点区域,分别响应不同的操作。

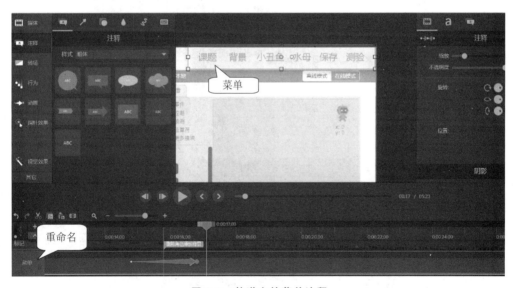

图 9.5 轨道上的菜单注释

(2) 放大预览窗口以方便操作。单击"注释"按钮,打开"注释"功能面板,单击"特殊"选项卡,然后拖放"互动热点"选项到预览窗口,如图 9.6 所示。

(3) 在预览窗口调整热点区域的大小和位置,使其正好罩在文字"课题"上,避免过大,影响旁边的热点区域重叠。在"互动热点"属性面板上,取消选中"结尾处暂停"复选框,选中"标记"单选按钮,并将其设置为"课题",如图 9.7 所示。此时单击"测试"按钮,播放头则跳转到标记"课题"所在的位置。

(4) 同样完成其他菜单热点区域设置,为所有的菜单子项添加上跳转到相应标记的功能。

图9.6 添加互动热点注释

图9.7 设置热点区域属性

按下 Shift 键依次单击轨道上的热点区域,将它们全部选中,拖曳"持续时间标记"到"测试"标记前,调整热点区域的时长,让菜单一直出现在整个教学过程中,如图9.8所示。

(5) 在某个热点区域所在的轨道上右击,在弹出的关联菜单中选择"组"命令,将热点区域所在的多个轨道组在一个新的轨道上,将这个新的轨道重命名为"热点",如图9.9所示。

(6) 在任一轨道名称上右击,在弹出的关联菜单中选择"删除所有空白轨道"命令,删除多余的空白轨道。

  利用这种方式制作的微课,不是一个单一的视频,它嵌套在网页中,加载了许多插件以支持互动热点的实现,所以在分享视频时要选用 Smart Player 生成 MP4。在微课画面上,单击某个菜单可以迅速跳转到该内容进行学习。实现跳转可以利用时间来确定跳转的位置,也可以通过标记来进行跳转定位。

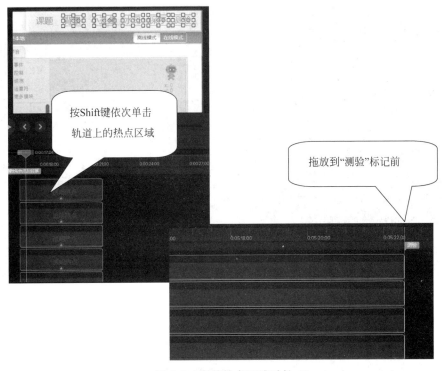

图 9.8 调整热点区域时长

图 9.9 轨道组

9.2 用交互测验检验学习效果

测验是检验教学效果的一种重要手段，Camtasia Studio 具有测验功能，依据其模板可以创建各种类型的交互测验题。下面将介绍使用 Camtasia Studio 编辑器创建测验题的有关知识。

9.2.1 制作单选题

选择题是一种常见的测试题类型，其具有多个选项，学生需要从中选出正确的选项。Camtasia Studio 中的"多项"指的是预设的答案有多个，但只能从其中选择一个正确的，这就是单选题。使用 Camtasia Studio 编辑器制作单选题的方法如下。

（1）启动 Camtasia Studio 编辑器并打开项目"海底世界编程 2.tscproj"，将播放头拖放到"测验"标记处。导入素材文件夹下的"背景.jpg"，并将其拖放到"测验"标记处，如图 9.10 所示。

图 9.10 导入背景

（2）单击选中背景图片，然后单击"交互"按钮，打开"交互"面板。单击"添加测验到所选媒体"按钮，则在预览窗口中显示出"测验占位符"，轨道上也添加了"测验"标记，如图 9.11 所示。

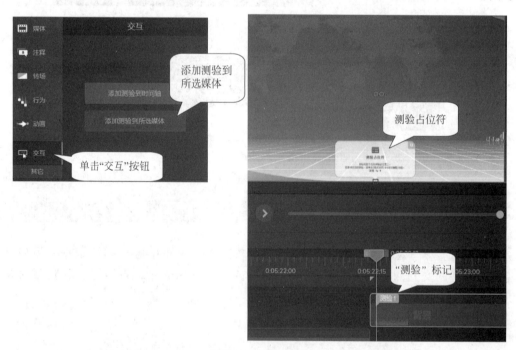

图 9.11 添加测验

"测验"标记在轨道上的位置决定了该测验题出现的时间。单击"测验"标记，使用鼠标拖动可以改变标记的位置。单击"测验"标记选择它，按 Delete 键可以将该试题从项目中删除。

（3）在"测验选项"面板上修改测验名称，如图9.12所示。

（4）在"测验问题属性"面板中对测验内容进行设置。选择测验"类型"为"多项选择题"；在"问题"项右侧的文本框中输入问题内容；在"答案"项单击"添加答案"可以添加一个备选答案，如图9.13所示。

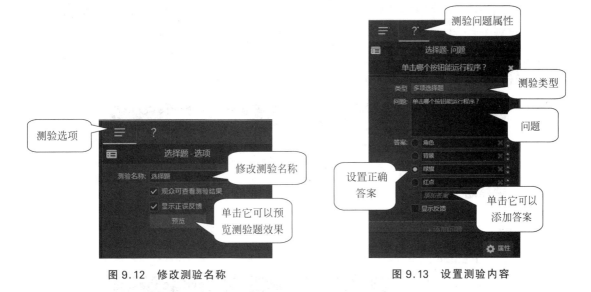

图9.12　修改测验名称　　　　　　图9.13　设置测验内容

 在默认情况下，Camtasia Studio编辑器创建的测验题类型是"多项选择题"，也就是教学中常见的多选题。在创建测验题时，先以默认的问题类型创建测验题，然后将其更改为需要的测验题类型。

（5）如果选中"显示反馈"复选框，则可以根据学生答题情况做出相应响应，具体设置如图9.14所示。

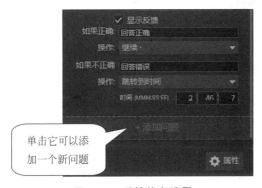

图9.14　反馈信息设置

回答正确或错误后，响应的操作有以下几种情况。

① 继续：继续向下播放。

② 转到网址：跳转到指定的网址。

③ 跳转到时间：跳转到指定的时间。

④ 跳转到标记：跳转到指定的标记。

（6）在完成一个问题的创建后，单击"添加问题"按钮即可添加一个新问题，继续按照上面的流程完成答案的设置即可。

（7）生成视频后，当播放到有测验的位置时将暂停，此时如果单击"重播最后一节"则视频跳转到上一个测验后开始播放，如果前面没有测验则从开头播放；如果单击"现在参加测验"，则弹出"测验内容"对话框，在其中可以选择答案，单击"提交答案"按钮，弹出"答题反馈"对话框，在其中如果单击"继续"按钮则视频继续向下播放，如果单击"查看答案"按钮，则会弹出学生的做题情况及正确答案提示，如图 9.15 所示。

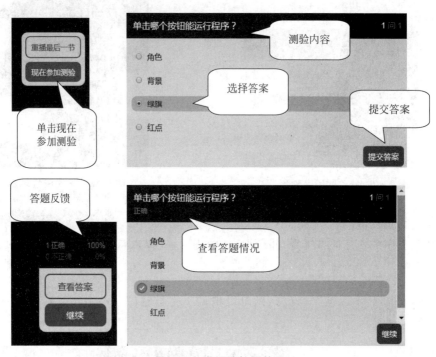

图 9.15　多项选择题效果

9.2.2　制作判断题

判断题也是一种常见的主观测试题，其要求学生对问题的正误进行判断。下面介绍在 Camtasia Studio 编辑器中创建判断题的方法。

（1）将播放头拖到要添加测验的位置，单击选中轨道上的图片，然后在"交互"功能区面板中单击"添加测验到所选媒体"，添加了一个测验。在"测验选项"面板上修改测验名称，如图 9.16 所示。

（2）在"测验问题属性"面板中，选择测验类型为"判断题"，并输入判断问题，选择"答案"栏中的 True 或 False 选项设置判断的答案，如图 9.17 所示。

（3）可以根据需要确定是否需要"显示反馈"，并设置相应的选项。

（4）视频生成后，效果如图 9.18 所示。

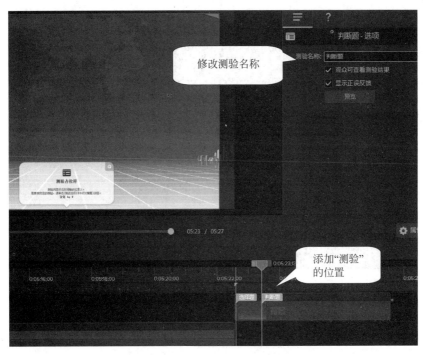

图 9.16 添加测验并修改名称

图 9.17 设置判断问题和答案

9.2.3 制作填空题

填空题是一种常见的测试题型,其需要学生在空白处填写相关的内容。下面介绍使用 Camtasia Studio 编辑器创建填空题的方法。

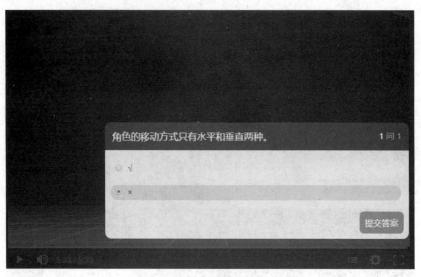

图 9.18 判断题效果

（1）将播放头拖到要添加测验的位置，单击选中轨道上的图片，然后在"交互"功能区面板中单击"添加测验到所选媒体"，添加了一个测验。在"测验选项"面板上修改测验名称，如图 9.19 所示。

图 9.19 添加测验并修改名称

（2）在"测验问题属性"面板中，选择测验类型为"填空题"，并输入问题，在"答案"文本框中输入正确答案，如图 9.20 所示。

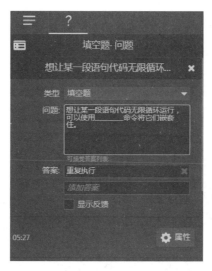

图 9.20 设置填空问题和答案

 正确答案如果不唯一,应当穷尽所有正确答案,使微课对学生的正确答案都能做出正确判断。例如,下列诗词的作者是(　　):横看成岭侧成峰,远近高低各不同。不识庐山真面目,只缘身在此山中。在答案设置中就要写上"苏轼""苏东坡"等。

(3) 可以根据需要确定是否需要"显示反馈",并设置相应的选项。
(4) 视频生成后,效果如图 9.21 所示。

图 9.21 填空题效果

 在 Camtasia Studio 编辑器中,问题中要填空的位置,可以用"(　　)"或"_____"表示。Camtasia Studio 编辑器无法设置题目和答案文字的字体、大小和颜色等。

9.2.4 制作简答题

简答题是一种常见的测验题型,其提出问题,由学生对问题进行解答。简答题一般需要学生用语言对答案进行描述,可以考查学生对知识的理解和应用能力以及语言的组织能力。下面介绍使用 Camtasia Studio 编辑器创建简答题的方法。

(1) 将播放头拖到要添加测验的位置,单击选中轨道上的图片,然后在"交互"功能区面板中单击"添加测验到所选媒体",添加了一个测验。在"测验选项"面板上修改测验名称,如图 9.22 所示。

图 9.22 添加测验并修改名称

(2) 在"测验问题属性"面板中,选择测验类型为"简答题",并输入问题,如图 9.23 所示。

图 9.23 设置简答问题

(3) 视频生成后,效果如图 9.24 所示。

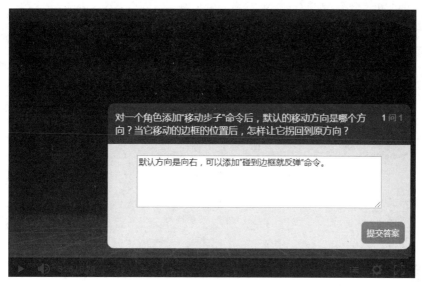

图 9.24 简答题效果

 由于简答题属于主观题,Camtasia Studio 编辑器没有要求用户像选择题和填空题那样设置正确答案,因此在浏览器中将只显示答案而没有对答案的正误进行判断。

第10章

大功告成——用Camtasia Studio "发" 视频

在完成对微课的编辑处理后需要将微课输出，使其成为能够播放的视频文件。Camtasia Studio编辑器能够将项目输出为当前主流的各种媒体文件格式，在输出时需要针对不同格式的文件进行设置。本章将介绍将项目输出为视频文件的方法和技巧。

本章主要内容：
{
- 输出为MP4文件
- 巧用HTML网页文件
- 丰富的媒体文件类型
- 项目输出时必须掌握的两项操作

10.1 输出为 MP4 文件

MP4 文件是当前流行的一种网络媒体文件格式,其既可以是单独的音频,也可以是视频文件,文件的扩展名为.mp4。MP4 格式的文件广泛用于互联网上的流媒体、光盘、网络语音发送(如视频电话)以及电视广播等领域,具有文件小且品质高的特点。由于该文件具有较好的兼容性,主流的浏览器都能够很好地支持这种格式的文件,因此该种格式的文件特别适合于在网络上传播。Camtasia Studio 编辑器提供了对 MP4 的支持,下面介绍将项目输出为 MP4 视频文件的操作方法。

10.1.1 让视频自带控制器

Camtasia Studio 编辑器在生成视频文件之前首先需要创建生成视频文件的预设文件。在创建 MP4 格式的预设文件时可以为视频的播放添加控制器并对控制器外观样式等进行设置。

1. 设置文件输出格式

Camtasia Studio 编辑器为项目输出提供了输出设置向导,按照向导的安排,首先需要指定文档的输出格式。

(1)启动 Camtasia Studio 编辑器并打开"10_项目 1.tscproj",在程序窗口的"菜单栏"中单击"分享"按钮,在打开的列表中选择"本地文件"选项,如图 10.1 所示。

图 10.1 分享至本地文件

(2)此时将打开"生成向导"对话框,打开该对话框中的列表,列表中列出了 Camtasia Studio 提供的多种预设 MP4 视频输出方案。在这里选择"自定义生成设置"选项对视频进行自定义设置,如图 10.2 所示。

(3)单击"下一步"按钮,在打开的对话框中选择 MP4-Smart Play(HTML5)选项,如图 10.3 所示。完成设置后单击"下一步"按钮,进入下一步的设置。

2. 设置智能播放器外观

在播放视频时,为了方便学生对播放进度进行控制,可以安排一个视频播放控制器。Camtasia Studio 允许对这个播放器的外观进行设置。

图 10.2 "生成向导"对话框

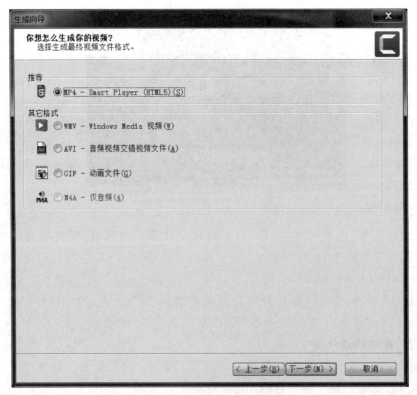

图 10.3 选择输出为 MP4 格式

(1) 在"生成向导"对话框的"控制条"选项卡中选中"生成控制条"复选框,如图 10.4 所示,则项目输出时将生成控制器。

图 10.4　设置控制器的样式

(2) 按照上面的设置生成视频后,播放视频时,在视频下方将出现一个播放控制器,可以通过该控制器来控制播放的进度,如图 10.5 所示。

图 10.5　视频的底部出现播放控制器

（3）如果取消选中"生成控制条"复选框，那么输出的视频将是一个独立的视频，可以利用其他视频播放软件（如 QQ 影音等）进行播放等操作，如图 10.6 所示。

图 10.6　输出独立视频

3. 设置播放完成后进行的操作

（1）如果选中"自动隐藏控制条"复选框，在视频播放时播放控制器将隐藏，当鼠标指针移动到视频播放器所在位置上时控制器才会显示。如果取消对该复选框的勾选，播放控制器将一直显示。

（2）在"视频播放完成后"列表中设置视频播放完成后进行的操作，如图 10.7 所示。

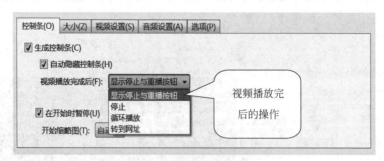

图 10.7　设置视频播放完后的操作

当选择"显示停止与重播按钮"选项时，视频播放完后将停止在最后一帧并显示"重播"按钮。单击该按钮可以重播视频，如图 10.8 所示。如果选择"停止"选项，视频播放完成后将停止在视频的最后一帧，只有单击播放控制器上的"播放"按钮才能使视频从头开始播放。如果选择"循环播放"选项，当视频播放完成后，视频将自动从头开始播放。

如果选择"转到网址"选项，在其下的文本框中输入 URL 地址，则视频播放完成后将使用默认的浏览器跳转到指定的网址，如图 10.9 所示。

图 10.8　视频停止在最后一帧并显示"重播"按钮

图 10.9　设置播放完成后跳转到的网页

4. 设置视频播放开始的方式

在"控制条"选项卡中选中"在开始时暂停"复选框，视频开始播放时将停止在第一帧并显示"播放"按钮。在"开始缩略图"列表中选择"自动"选项，当前帧的背景将使用项目中的背景，如图 10.10 所示。

在"开始缩略图"列表中选择"选择文件"选项，并指定开始时的图片，那么视频开始播放时将停止并显示指定的图片，如图 10.11 所示。

图 10.10　开始时暂停

图 10.11　设置开始时暂停及缩略图

10.1.2　对视频和音频进行设置

微课视频的重要内容是视频和音频，在对输出进行设置时可以根据需要对视频以及其中的音频进行设置。

1. 设置视频大小

在"生成向导"对话框中打开"大小"选项卡，在"嵌入尺寸"栏的"宽度"和"高度"文本框中输入数值设置视频的嵌入尺寸，在"视频大小"栏的"宽度"和"高度"文本框中输入数值设置视频大小，如图 10.12 所示。

 这里，"嵌入尺寸"用于设置视频在嵌入到浏览器中的大小，"视频大小"则用于设置生成的独立的视频文件的播放尺寸。这里要注意的是，如果嵌入尺寸和视频大小相同，在网络中使用浏览器播放视频时视频的效果与原始视频效果相同，因为视频相对于原始视频没有放大。在设置时最好不要将视频大小设置得小于嵌入尺寸。另外，如果选中了"保持纵横比"复选框，则当调整视频的"宽度"或"高度"中的一个值时，将能够根据其宽高比自动获得另一个参数的值。

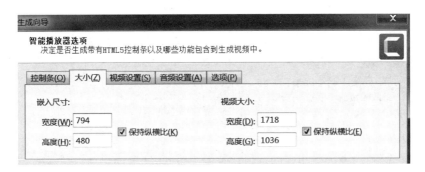

图 10.12 设置视频大小

2. 设置帧速率

打开"视频设置"选项卡，在"帧率"列表中选择相应的选项设置视频的帧速率，这里选择 30，如图 10.13 所示。

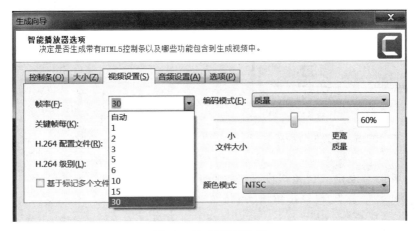

图 10.13 设置帧速率

 这里如果选择"自动"选项，系统将在视频输出时自动确定视频的帧速率，用户也可以根据具体的情况在列表中选择相应的选项来指定帧速率。这里要注意的是，帧速率越大，视频文件也就越大，如果要减小视频的大小，应该使用较小的帧速率。如果视频是用于网络传播，应该根据网络带宽来进行设置，较小的帧速率有利于视频在网络上的播放，但较小的帧速率会影响视频播放效果。

在"关键帧每"文本框中输入数值设置每秒关键帧数，这里设置为 5，然后设置"H.264 配置文件"为"基线"，"H.264 级别"为"自动"，如图 10.14 所示。

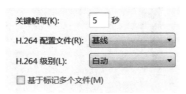

图 10.14 设置每秒关键帧和 H.264

动画的每一帧实际上就是一个静态图像,将这些帧连续播放就能够得到动画。在这里"关键帧每"文本框用于设置每秒显示的帧数,其值越大显示的动画就越流畅、越真实。H.264是一种高性能的视频编解码技术,其可以在尽可能低的存储情况下获得好的图像质量。对于一般用户来说,"H.264配置文件"和"H.264级别"这两个设置项使用系统的默认值,不要对它们进行修改。

3. 设置编码模式

在"编码模式"列表中选择相应的选项设置编码模式,这里选择"质量"选项,拖动其下的滑块调整视频质量,如图10.15所示。在"编码模式"列表中选择"比特率"选项,拖动其下的滑块或者在其后的文本框中输入数值设置视频的比特率,如图10.16所示。

图10.15 设置视频的质量

图10.16 设置视频的比特率

 比特率表示经过编码(压缩)后的音、视频数据每秒需要用多少个比特来表示。比特率与音、视频压缩有关,简单地说就是比特率越高,音视频的质量就越好,但编码后的文件就越大;否则情况与之相反。在这里,将"编码模式"设置为"质量"时将以质量优先的原则设置视频的比特率,使视频获得需要的播放质量但不会造成文件尺寸的过度增加;将"编码模式"设置为"比特率"时,用户可以根据需要对输出视频的比特率进行设置。建议将"编码模式"设置为"质量"。

4. 音频设置

打开"音频设置"选项卡,选中"音频解码"复选框,在其下的"比特率"列表中选择相应的选项设置音频编码的比特率,这里选择"128kbps",如图10.17所示。

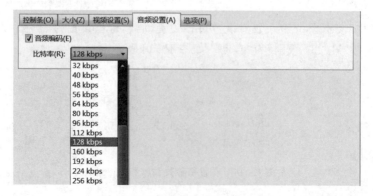
图10.17 设置音频编码的比特率

音频的比特率就是数字信道传送数字信号的速率。简单地说就是比特率越高音视频的质量就越好,但编码后的文件就越大;如果比特率越小则文件越小。如果在输出项目时不希望视频中包含声音,在这里可以取消对"音频解码"复选框的勾选。

10.1.3 生成 MP4 视频

在完成控制器的设置后,按照生成向导的提示一步一步地进行操作即可完成 MP4 视频的输出。

1. 添加视频信息

在完成智能播放器的设置后单击"下一步"按钮,此时将进行"视频选项"的设置。单击"视频信息"栏中的"选项"按钮,打开"视频信息选项"对话框,在该对话框的"视频信息"选项卡中可以输入视频项目的相关信息,如图 10.18 所示。

图 10.18 输入视频信息

打开"作者信息"选项卡,设置视频作者的有关信息,如图 10.19 所示。

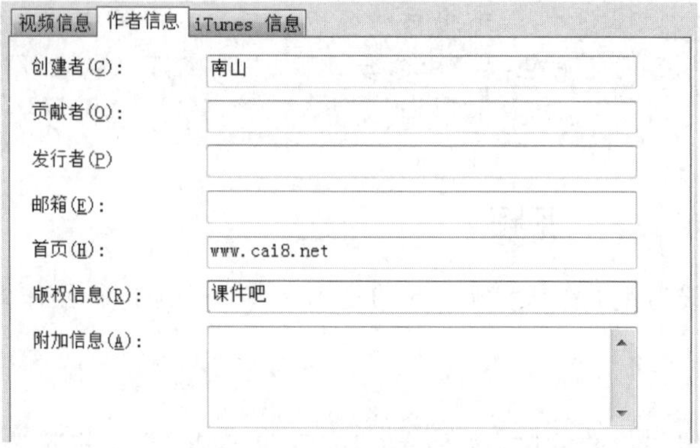

图 10.19　设置视频作者信息

2. 生成视频设置

（1）在完成以上设置后,单击"下一步"按钮进入"制作视频"的设置。在对话框的"项目名称"文本框中输入项目名称,并选择要保存的位置,如图 10.20 所示。

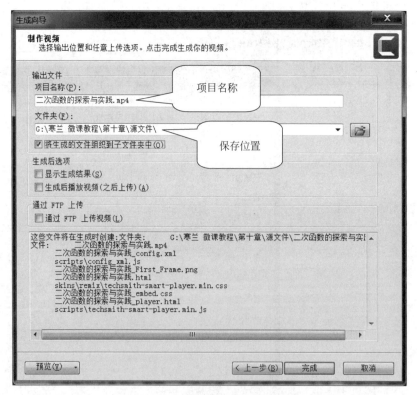

图 10.20　设置项目名称和保存位置

（2）如果选中"将生成的文件组织到子文件夹中"复选框,则生成的文件将放置到指定文件夹内的一个子文件夹中,该文件夹名称为项目名称。在该对话框的下方将显示生成的文件夹以及生成的文件列表,如图 10.21 所示。

（3）完成输出设置后单击"完成"按钮,Camtasia Studio 编辑器将按照设置进行视频的渲染,同时显示渲染进度,如图 10.22 所示。生成后的视频如图 10.23 所示。

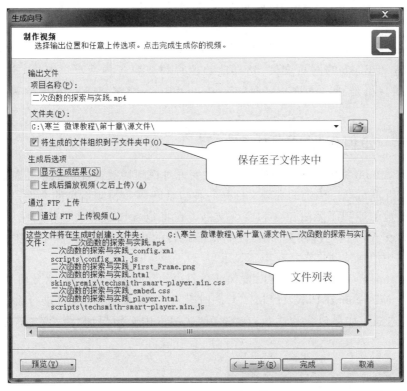

图 10.21　显示生成文件

图 10.22　显示视频生成进度

图 10.23　生成后的视频

10.2 巧用 HTML 网页文件

使用 Camtasia Studio 编辑器不仅能够将项目输出为 MP4 视频文件，还能够生成同时支持 HTML5 和 Flash 的网页文件，这样能够使视频兼容各种网页浏览器，更有利于视频在网络上传播。正是利用了这一特征，Camtasia Studio 能够实现一些普通视频无法实现的功能。

10.2.1 如何保留项目中的交互

Camtasia Studio 编辑器可以通过热点功能实现对视频播放进度的简单控制，也能够创建各种常见的交互测试题。传统的视频文件是一种包含音频和视频信息的文件，只能利用播放器来实现对播放的控制而无法包含和实现交互。在将包含热点的项目或测试题项目输出为 WMV、MOV 或 AVI 这类视频文件后，控制视频跳转的热点对象在视频中失去功能，而添加到"测验"视图中的测试题将在视频中不显示。

在使用 Camtasia Studio 编辑器时要保证项目中的交互功能的实现，必须将项目生成的文件类型指定为 MP4-Smart Play(HTML5)，同时在对"智能播放器选项"进行设置时选中"生成控制条"复选框。如果包含测试题，在"选项"选项卡中必须保证"测验"复选框被选中，如图 10.24 所示。

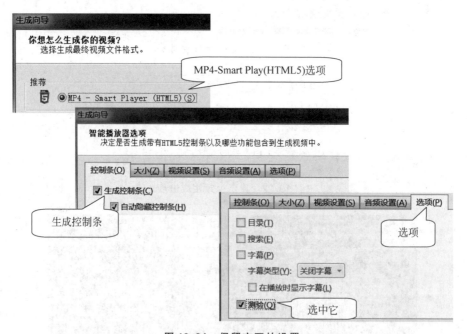

图 10.24　保留交互的设置

在输出项目时，Camtasia Studio 编辑器在生成 MP4 视频文件的同时将生成 Flash 控制器和 HTML5 页面文件，使用浏览器来进行播放就可以实现交互功能了。在项目输出时，将文件类型指定为 MP4-Smart Play(HTML5) 后，Camtasia Studio 编辑器生成的文件如图 10.25 所示。

从图 10.25 可以看到，输出一个带有测验题的项目后，在项目输出后生成的文件夹中

图 10.25　将文件类型指定为 MP4-Smart Play（HTML5）后获得的所有文件

既包含 MP4 视频文件也包含 HTML 页面文件。如果需要使用项目中的测试题，可以打开生成的 HTML 文件，浏览器将播放视频，当播放到有测试题的位置时浏览器给出提示列表，如图 10.26 所示。单击列表中的"开始测验"选项即可开始测试。

图 10.26　生成 MP4 文件和 HTML 文件

　如果只希望生成单独的 MP4 格式的视频文件，可以在"生成向导"对话框中对"智能播放器选项"进行设置时取消选中"生成使用控制器"复选框。

10.2.2　生成测验报告

当项目中包含测验题时，项目的输出必须是带有控制条的 MP4 视频格式，此时 Camtasia

Studio 编辑器将生成相应的 HTML 文件,测验中的交互是在浏览器页面中实现的,从而可以获得相应的测验数据。

在"生成向导"的"测验报告选项"页面中选中"使用 SCORM 报告测验结果"复选框,单击"SCORM 选项"按钮,打开"清单选项"对话框,在该对话框中对报告清单进行设置,例如标题、主题、及格分数和报告是否打包为 ZIP 文件等,如图 10.27 所示。

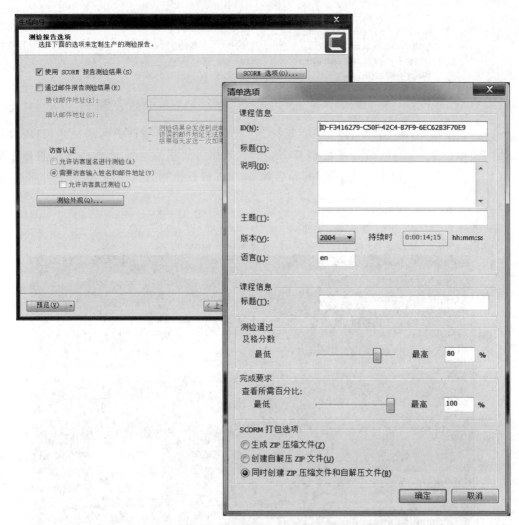

图 10.27　勾选"使用 SCORM 报告测验结果"复选框并设置"清单选项"

在"测验报告选项"对话框中,选中"通过邮件报告测验结果"复选框,在其下的"接收邮件地址"和"确认邮件地址"后的文本框中输入邮件地址,如图 10.28 所示。这样,在进行网上测验时,可以通过 Camtasia Studio 的 Camtasia Quiz Service 向设定的邮箱发送测验的结果,这个测验结果将每天发送一次,如果没有新数据,报告将不发送。这里要注意的是,要正常使用该功能必须获得 Camtasia Quiz Service 支持,如果无法获得支持,这里无须进行设置。

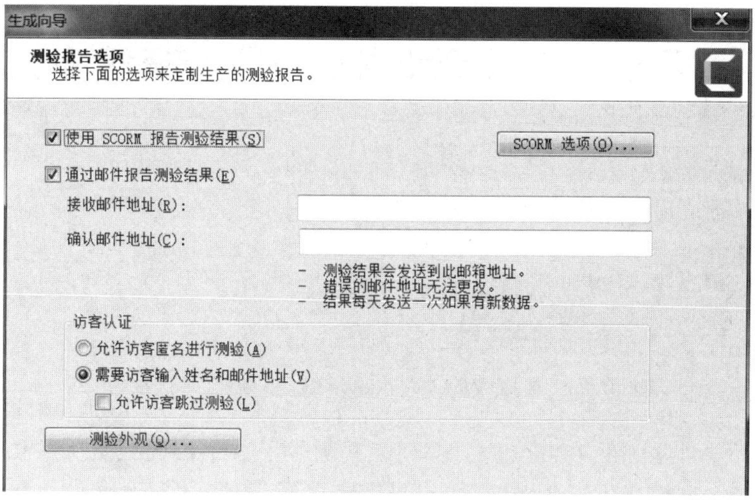

图 10.28　设置接收报告的邮件地址

10.3　丰富的媒体文件类型

使用 Camtasia Studio 编辑器能够将项目输出为当前主流的视频文件格式，例如 WMV 文件、MOV 文件和 AVI 文件等，用户可以根据视频传播的方式和播放场合来选择合适的文件格式。下面介绍将项目输出为这些视频格式文件时的设置方法。

10.3.1　生成 WMV 文件

WMV(Windows Media Video)是微软公司推出的一种流媒体格式，该格式的视频文件是一种被压缩的视频文件，其体积较小，可以实现边下载边播放，因此很适合在网上播放和传输。在 Camtasia Studio 编辑器中编辑完成的视频项目可以导出生成 WMV 格式的视频文件。在生成文件时也可以对视频进行必要的设置。

(1) 打开"10_项目 2.tscproj"，单击"分享"按钮，打开"生成向导"对话框，在该对话框的列表中选择"自定义生成设置"选项，如图 10.29 所示。

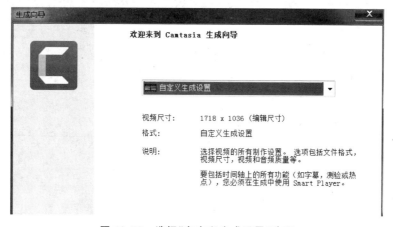

图 10.29　选择"自定义生成设置"选项

（2）单击"下一步"按钮，选中"WMV-Windows Media 视频"单选按钮，如图 10.30 所示。

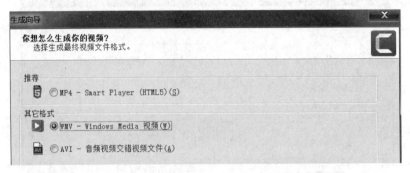

图 10.30　选择"WMV-Windows Media 视频"单选按钮

（3）单击"下一步"按钮，在"配置文件"列表中提供了 3 个编码配置文件供选择。一般情况下，选择"Camtasia 最高质量和文件大小（推荐）"这个选项，该配置文件将能够保证输出的 WMV 视频文件具有最高的播放质量和最小的文件大小，以利用网络传播，如图 10.31 所示。

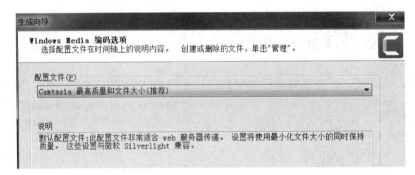

图 10.31　选择配置文件

（4）单击"下一步"按钮，在这里一般默认选择"当前大小"单选按钮，这样生成视频的宽度和高度将使用项目视频的原始宽度和高度，如图 10.32 所示。如果选择"自定义"单选按钮，在"宽度"和"高度"后的文本框中输入数值，设置输出视频的宽度和高度，这里所要注意的是更改视频大小会降低生成的视频图像质量。

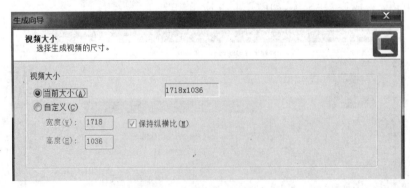

图 10.32　设置输出视频的大小

（5）完成设置后，依次单击"下一步"按钮进行下面的设置，其后的设置与生成 MP4 文件时的设置相同。完成全部设置后，单击"完成"按钮，Camtasia Studio 将按照设置生成 WMV 文件。

10.3.2 生成 AVI 文件

AVI 文件是微软公司推出的一种视频文件格式,它的英文全称是 Audio Video Interleaved,即音频视频交错格式。该格式的文件可以将视频和音频交织在一起进行同步播放,其优点是可以跨多个平台使用,视频具有较高的质量,缺点是文件体积较大。Camtasia Studio 编辑器能够将视频项目输出为 AVI 格式的视频文件,下面介绍具体的设置步骤。

(1) 打开"生成向导"对话框,在该对话框中选择"AVI-音频视频交错视频文件"单选按钮,生成 AVI 文件,如图 10.33 所示。单击"下一步"按钮,进入下一步设置。

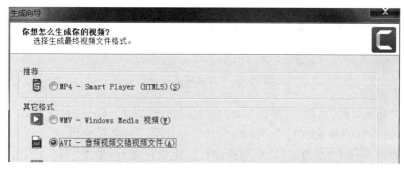

图 10.33　选择"AVI-音频视频交错视频文件"单选按钮

(2) 在"AVI 编码选项"对话框中可以对 AVI 视频的编码进行设置。在"颜色"列表中选择相应的选项设置视频的颜色位数,如图 10.34 所示。颜色位数设置越高,视频色彩效果越好,但是视频文件也越大。一般情况下,选择"自动"选项即可。

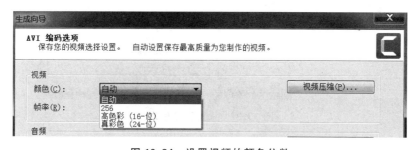

图 10.34　设置视频的颜色位数

(3) 单击"视频压缩"按钮,打开"视频压缩选项"对话框,在该对话框中的"压缩工具"列表中选择指定视频压缩方案,这里选择"TechSmith 屏幕捕获编解码器",如图 10.35 所示。

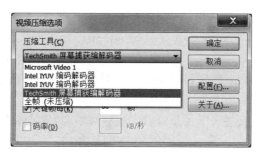

图 10.35　视频压缩选项

（4）在"帧率"列表中选择相应的选项可以对帧速率进行设置，如图 10.36 所示。在这里设置较小的帧率能减小 AVI 文件的大小。一般情况下，"帧率"可以设置为"自动"。

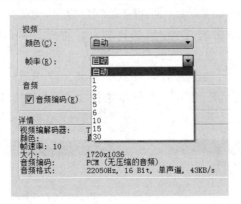

图 10.36　对帧率进行设置

（5）选中"音频编码"复选框，单击右侧的"音频格式"按钮，打开"音频格式"对话框，使用该对话框可以对音频的格式进行设置，如图 10.37 所示。如果要去除获得 AVI 视频中的声音，这里只需要取消选中"音频编码"复选框即可。完成设置后，单击"下一步"按钮，与前面介绍的操作步骤依次完成剩下的设置后，即可将视频导出为 AVI 文件。

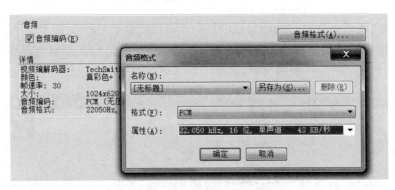

图 10.37　设置音频格式

10.3.3　生成 M4A 文件

M4A 是 MPEG-4 音频标准文件的扩展名。M4A 属于高品质压缩类型的音乐文件，目前大多数主流音乐播放器都支持 M4A 格式。

在制作微课时，生成音频文件还是有其现实意义的。例如，要获得某段音乐素材，可以使用 Camtasia Recorder 进行录音，在 Camtasia Studio 中进行编辑处理后将项目生成为 M4A 文件就可以了。

（1）打开 Camtasia Studio 编辑器"生成向导"对话框，在该对话框中选择"M4A-仅音频"单选按钮，如图 10.38 所示。

（2）单击"下一步"按钮，进入下一步设置。根据需要在"比特率"列表中选择相应的选项，设置音频的比特率，如图 10.39 所示。完成设置后，单击"下一步"按钮，按照前面介绍的操作步骤依次完成剩下的设置后，即可获得需要的 M4A 文件。

图 10.38　选择"M4A-仅音频"单选按钮

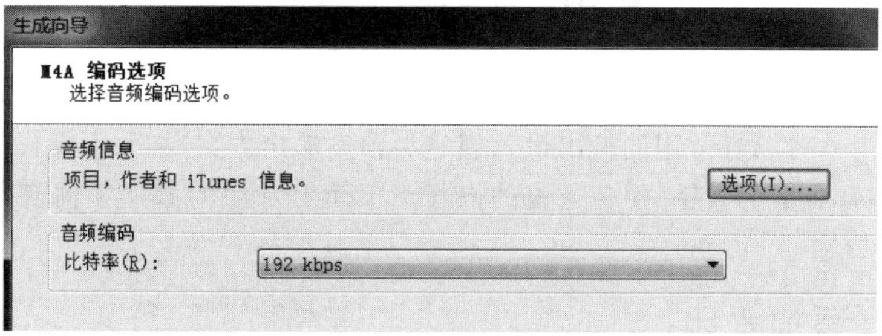

图 10.39　设置音频的比特率

10.3.4　生成 GIF 动画文件

GIF(Graphics Interchange Format)动画文件是一种逐帧动画,是目前网络中十分常见的一种动画文件。GIF 动画只支持 256 色以内的图像,其采用无损压缩的方式进行存储,因此其文件所占空间十分小。GIF 文件支持透明色,可以使图像浮现在背景之上。GIF 动画在网络中的应用广泛,各类网络浏览器都能够很好地支持这种动画文件,使其具有很好的兼容性,同时其小巧的特点也利于其在网络上的传播。

在制作微课视频时,为了降低对网络带宽和播放设备硬件的要求,让学生能够使用手机、平板等掌上设备通过微信扫码等形式观看微课,可以考虑将微课制作为 GIF 动画。但是这里要注意的是,GIF 动画文件只包含动画,没有声音,因此其只适合于无须讲解的纯演示类微课。另外,GIF 动画文件的小巧是以牺牲其显示效果为代价的,如果微课对显示效果要求较高,也不应使用这种文件格式。

Camtasia Studio 编辑器能够将项目生成为 GIF 动画文件,其具体的设置步骤如下。

(1) 打开"生成向导"对话框,在该对话框中选择"GIF-动画文件"单选按钮,如图 10.40 所示。单击"下一步"按钮,进入下一步设置。

(2) 在"生成向导"的"GIF 动画编码选项"对话框的"帧率"列表中选择相应的选项,设置动画的帧速率,这里选择"自动",如图 10.41 所示。完成设置后,依次单击"下一步"按钮,继续进行设置,后面的设置方法与 MP4 文件的设置相同。

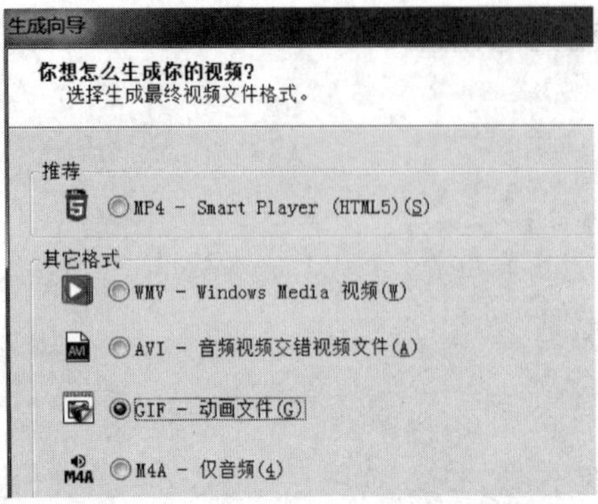

图 10.40　选择"GIF-动画文件"单选按钮 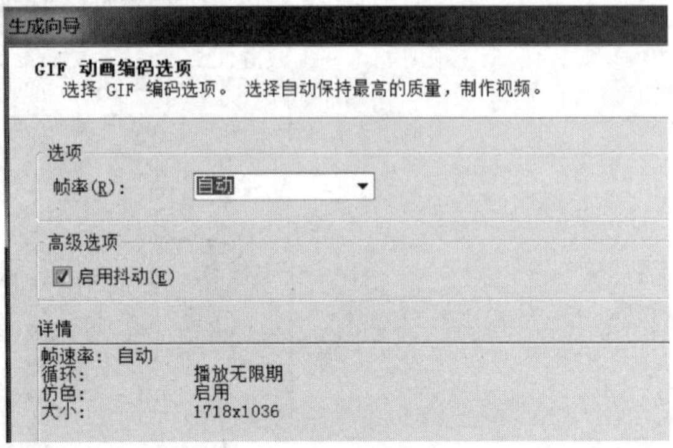　　　　图 10.41　设置帧率

10.4　项目输出时必须掌握的两项操作

　　Camtasia Studio 编辑器在进行项目输出设置时允许用户为视频添加水印。同时，为了方便项目的输出，用户可以将常用的输出设置创建为预设输出方案，在每次操作时直接使用该方案将大大提高项目生成的效率，避免重复的操作。下面对水印的添加和预设方案的使用进行介绍。

10.4.1　添加水印

　　水印是视频中出现的一种半透明的文字或图像，常用于显示视频的版权信息。视频中的水印既要保证让观众看到，又不能遮挡视频内容，影响视频的播放效果，因此水印一般放置在视频的边角处，同时处于一种半透明状态。

　　在制作微课时，在视频中也可以添加带有教师、学校或制作单位信息的水印。Camtasia Studio 编辑器提供了添加水印功能，教师制作微课时可以在生成视频文件时在视频中添加水印图片并对其进行设置。下面介绍具体的操作步骤。

1．指定水印文件

　　（1）在"生成导向"对话框中选择一个输出格式，在下一步的"视频选项"中选中"包括水印"复选框，如图 10.42 所示。此时生成的视频中将包括水印，水印为默认的 Camtasia Studio 图标，该图标样式可以在对话框的"预览"框中看到。

　　（2）单击"选项"按钮，打开"水印"对话框，使用该对话框可以对水印进行具体的设置。在"图片路径"选项中可以选择本地计算机中的图片作为水印图片，如图 10.43 所示。

2．设置浮雕效果

　　在"水印"对话框的"效果"设置栏中选中"浮雕"复选框，水印图像会添加浮雕效果，在"方向"列表中选择相应的选项设置浮雕的方向。拖动"深度"滑块调整浮雕效果的深度，拖动"不透明"滑块调整水印在视频中的不透明度，如图 10.44 所示。

3．使水印背景透明

　　一般情况下，水印图片中主题图像之外的主体图像都是有颜色的。这种背景如果和视频的背景颜色不一致就会形成明显的遮盖，这极大地影响视频效果。如果背景颜色比较单纯，可以通过设置去除其背景颜色，获得背景透明的效果，使视频中只显示水印的主体图像。

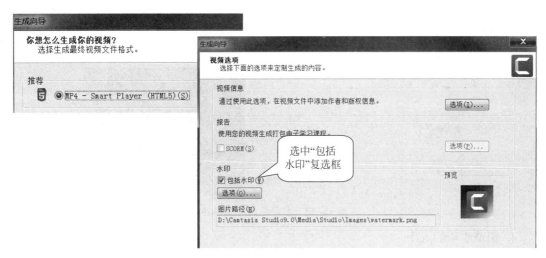

图 10.42 选中"包括水印"复选框

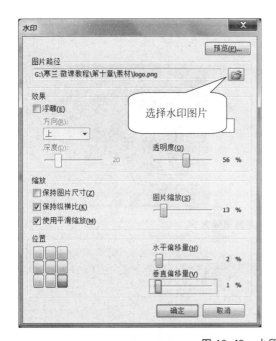

图 10.43 水印图片

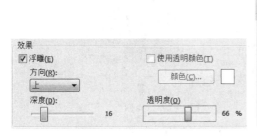

图 10.44 对水印应用浮雕效果

在"水印"对话框中选中"使用透明颜色"复选框,单击"颜色"按钮,打开"颜色"对话框,选择要去除的颜色,那么该颜色将变为透明,如图 10.45 所示。

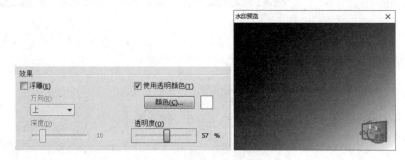

图 10.45　水印使用透明颜色

4．调整水印的大小

在"水印"对话框中拖动"图片缩放"滑块可以调整图片的大小,若选中"保持纵横比"复选框,则在调整图像大小时将按照原始的宽高比变化,这样可以避免在缩放图像时造成失真。若选中"使用平滑缩放"复选框,水印图像缩放将更加自然,如图 10.46 所示。如果选中"保持图片尺寸"复选框,则水印图像将恢复为其原始大小。

图 10.46　调整图像大小

5．调整水印的位置

水印可以按照屏幕九宫格的位置进行放置,在"水印"对话框中单击"位置"九宫格中的按钮即可将其放置到对应的位置。拖动"水平偏移量"和"垂直偏移量"滑块,可以对其位置进行进一步的调整,如图 10.47 所示。

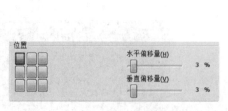

图 10.47　水印位置

6．水印效果

生成视频后,视频按照设定的参数在指定位置放置有水印图片,如图 10.48 所示。

图 10.48　水印效果

10.4.2　编辑预设输出方案

在输出项目时需要经过输出类型选择和输出设置这两个步骤。在进行设置时,针对不同的输出要求需要进行有针对性的设置,设置起来有些烦琐。很多时候,在制作微课视频时,某一类应用场合的视频输出的要求都是一样的。如果每次都进行设置,没有必要。此时正确的做法是创建预设输出方案,对于相同的输出需求直接使用预设方案进行输出就可以了。

1. 创建预设方案

在 Camtasia Studio 编辑器中创建预设输出方案可以采用如下的步骤进行操作。

(1) 打开"生成向导"对话框,在该对话框的列表中选择"添加/编辑预设"选项,如图 10.49 所示。

图 10.49　选择"添加/编辑预设"选项

(2) 在打开的"管理生成预设"对话框中,单击"新建"按钮,如图 10.50 所示。

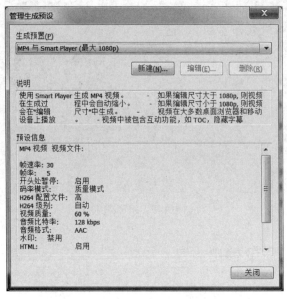

图 10.50 "管理生成预设"对话框

(3) 此时将打开"生成预置向导"对话框,在"预设名称"文本框中输入预设方案的名称,在"文件格式"列表中选择输出文件的格式,如图 10.51 所示。

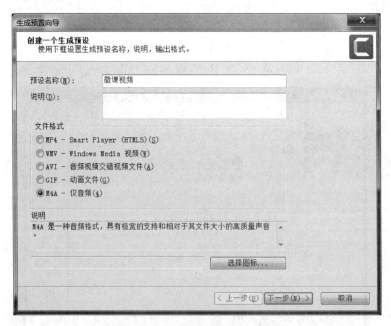

图 10.51 设置预设名称和文件格式

 在这里单击"选择图标"按钮,将打开"打开"对话框,使用该对话框可以选择作为图标的图像文件,如图 10.52 所示,这样可以为预设方案指定图标以便于识别。

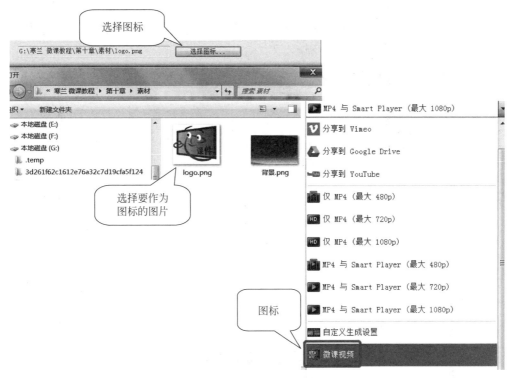

图 10.52　给预设方案添加图标

（4）依次单击"下一步"按钮，进行下面的设置。完成设置后，单击"完成"按钮，回到"管理生成预设"对话框，在该对话框的"预设信息"框中将显示视频文件的设置信息，如图 10.53 所示。单击"关闭"按钮，关闭该对话框，输出方案创建完成。

图 10.53　回到"管理生成预设"对话框

2. 使用预设方案输出

在完成预设方案的创建后,输出项目时打开"生成向导"对话框。在该对话框的列表中选择需要使用的预设方案,如图 10.54 所示。

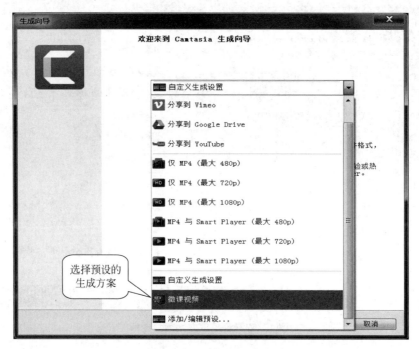

图 10.54　选择预设方案

单击"下一步"按钮,向导将跳过输出设置的各个步骤,用户只需设置文件保存的文件名和文件夹就可以了,如图 10.55 所示。完成设置后,单击"完成"按钮即可按照预设方案进行项目输出。

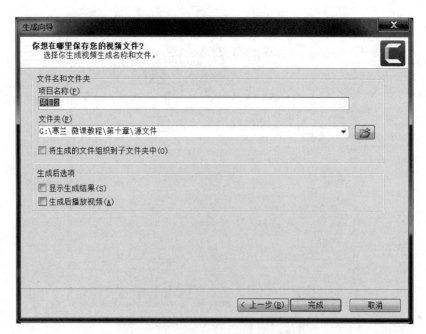

图 10.55　设置文件名和保存文件夹

3. 预设方案的管理

在完成预设方案的创建后,可以对预设方案进行编辑和删除。打开"生成向导"对话框,在列表中选择"添加/编辑预设",打开"管理创建预设"对话框,在该对话框中的"生成预置"列表中选择需要进行编辑的预设方案,单击"编辑"按钮,可以打开"生成预置向导"对话框,在其中对预设方案进行修改。单击"删除"按钮,可以删除该预设方案,如图10.56所示。

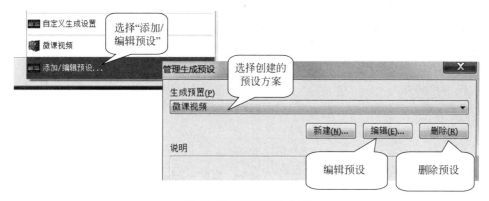

图10.56 管理预设方案

第11章
实战演练——微课案例设计与制作

本章通过一个微课案例,设计和制作了三种版本类型,包括简单基础型、虚拟场景型和卡通交互型,三个版本对应三种不同的微课类型,通过这个案例制作串讲知识点,由简入难,循序渐进。

本章主要内容:
- 制作简单基础型微课
- 制作虚拟场景型微课
- 制作卡通交互型微课

11.1 微课案例简介

本案例设计了三种微课类型,如图 11.1 所示。通过这三种类型的微课案例,详细讲解微课设计与制作的方法和技巧。

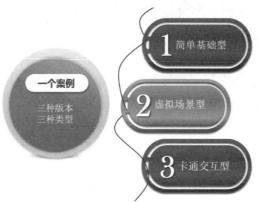

图 11.1 三种微课类型

11.1.1 简单基础型微课案例

简单基础型微课案例最常用,制作方法也比较简单,微课视频的两个画面如图 11.2 所示。

图 11.2 简单基础型微课的两个画面

这个微课案例的制作一共涉及 3 个模块,9 个知识点,如图 11.3 所示。

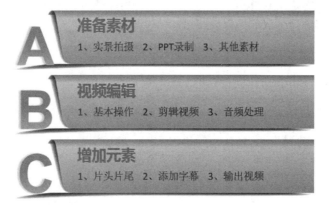

图 11.3 涉及的知识点

11.1.2 虚拟场景型微课案例

视频讲解

虚拟场景型微课案例最实用,制作方法稍微复杂一些,微课视频的两个画面如图11.4所示。

图11.4 虚拟场景型微课的两个画面

这个微课案例的制作一共涉及2个模块,6个知识点,如图11.5所示。

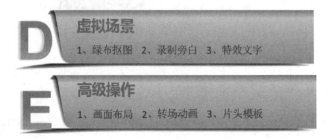

图11.5 涉及的知识点

11.1.3 卡通交互型微课案例

视频讲解

卡通交互型微课案例最实用,制作方法比较复杂,微课视频的两个画面如图11.6所示。

图11.6 卡通交互型微课的两个画面

这个微课案例的制作除了应用前面的知识点以外,还涉及卡通动画素材的获取、利用Camtasia制作卡通对话等知识点。

11.2 素材准备

从本节开始讲解三个版本的微课案例的设计与制作的过程,这里只介绍制作要点,详细的制作过程请参看教学视频。

11.2.1 实景拍摄

本微课案例中的实景拍摄主要是教师出镜的实景画面,包括两种类型:自然背景和绿布背景。

1. 自然背景的实景拍摄

本微课案例的第一个版本——简单基础型微课中使用了自然背景的实景拍摄,手机拍摄现场如图 11.7 所示。

图 11.7 手机拍摄现场

拍摄完成的教师出镜视频会在微课案例中直接使用,拍摄完成的视频成品如图 11.8 所示。

图 11.8 视频成品

> 由于手机拍摄时,采集的旁白声音不够专业和清晰,这里在手机拍摄时,同时使用计算机自带的话筒录制一个单独的声音文件,将来替换手机录制的声音。

2. 绿布背景的实景拍摄

本案例另外一个版本——虚拟场景型微课中使用了绿布背景的实景拍摄,手机拍摄效果如图 11.9 所示。

在制作虚拟场景型微课时,会进行后期绿布抠图,将教师形象从绿布背景中抠出来,然后与不同的虚拟场景合成在一起,效果如图 11.10 所示。

图 11.9　绿布背景拍摄　　　　　　　图 11.10　虚拟场景

如果想拍摄效果较好的实景画面,可以采用一些专业的拍摄器材,如图 11.11 所示。

图 11.11　专业拍摄场景

 可以在教师身上佩戴一个录音笔,在手机拍摄时,同时使用录音笔录制一个单独的声音文件,将来替换手机录制的声音。

3. 其他实景拍摄

除了教师出镜这样的实景画面,在微课制作时,还会经常拍摄一些其他实景画面,比如用手机拍摄在白纸上书写讲课的过程,如图 11.12 所示。

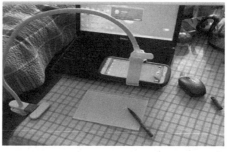

图 11.12　拍摄白纸书写画面

4. 拍摄注意事项

在使用手机进行实景拍摄的时候,要注意以下事项。

- 使用摄像效果较好的手机;
- 保持光线充足;
- 尽量保持手机的稳定,不要晃动;
- 减少回音和噪声;
- 旁白声音清晰,不要太小。

11.2.2　录制 PPT

　　PPT 是教师讲课过程中经常使用的课件类型,本案例也是通过 PPT 进行课程内容的讲解,因此录制 PPT 讲课内容是本微课案例制作的重要环节。这里利用 Camtasia 进行录制。

视频讲解

　　要录制的 PPT 包括两张幻灯片,如图 11.13 所示。录制流程如图 11.14 所示。

图 11.13　要录制的两张幻灯片

图 11.14　录制流程

11.2.3　其他素材

视频讲解

　　通过前面的操作,已经完成了实景拍摄和 PPT 的录制。除此之外,还要准备一些其他素材，主要包括一些图片素材（如背景、虚拟场景、卡通动画等），如图11.15所示。这些素材可以通过网络搜索下载，也可以自己制作，具体方法会在后面的章节中详细讲解。

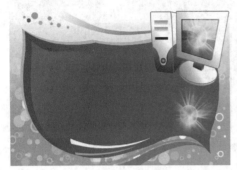 

图 11.15　图片素材

11.3　视频编辑

需要的素材提前准备好以后，接下来就用 Camtasia 对视频进行后期编辑处理，本节主要讲解设置软件环境、项目设置、导入媒体、剪辑视频和音频处理。

11.3.1　基本操作

在制作微课视频时，并不是在 Camtasia 中直接对各种素材进行处理，而是先进行一些基本的操作，主要包括项目设置、软件环境介绍、导入媒体和首选参数设置。

这里是制作第一个版本（简单基础型）微课案例，导入的媒体包括：拍摄的教师实景视频、录制的 PPT 视频、单独的教师旁白声音、背景图片，如图11.16所示。

图 11.16　导入的媒体

可以将需要的各种媒体全部一起导入，也可以根据制作流程一一将它们分别导入。

11.3.2 视频剪切

这里主要针对前面拍摄的教师实景视频和录制的 PPT 视频进行编辑,首先把教师实景视频引用到轨道上,将不需要的视频片段剪切掉。然后把 PPT 视频引用到轨道上,将两个视频首尾相连。按照同样的方法对后一个视频进行剪辑处理,把不需要的、讲错的、空白时间太长的那些视频片段都剪切掉,如图 11.17 所示。

视频讲解

图 11.17　剪切视频

11.3.3 音频处理

这里音频处理首先是去除噪声,将拍摄或者录制的环境噪声、计算机电流音等消除掉;第二就是对音量的控制,使不同的视频片段具有相同的音量;第三是替换教师的旁白声音,用单独录制的教师旁白声音替换原来手机拍摄的旁白声音,这样使声音更加清晰、更加专业。

视频讲解

11.4 增加元素

通过前面的操作,已经将两个视频连接在一起,并且对它们进行了后期的编辑处理。接下来再给微课视频添加片头、片尾和字幕,最后将其输出为 MP4 格式的视频文件。

视频讲解

11.4.1 片头和片尾

这里片头和片尾采用自制的方式进行制作,在一个背景图片上添加文字,然后定义文字的动画效果,最后加上淡入淡出的音效。片头的轨道结构如图 11.18 所示,片头效果如图 11.19 所示。

视频讲解

图 11.18　片头的轨道结构

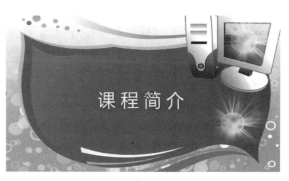

图 11.19　片头效果

专家点拨 片尾的轨道结构和片头类似，可以采用复制、粘贴然后编辑修改的方式进行制作。

11.4.2 添加字幕

视频讲解

字幕是微课视频中的重要元素，接下来给本案例的第一段教师实景视频添加上字幕效果。在 Camtasia 软件中，利用 CC 字幕功能就可以很方便地给视频添加字幕。

添加完成的效果如图 11.20 所示。

图 11.20 添加字幕

11.4.3 输出视频

视频讲解

到目前为止，第一个版本——简单基础型微课案例就制作完成了，可以先预览一下视频效果，如果满意就可以输出视频文件了。

单击"分享"按钮，在弹出的下拉菜单中选择"本地文件"命令，打开"生成向导"对话框，在其中设置相应的参数，即可输出所需要的 MP4 视频文件。

11.5 虚拟场景

通过前面的操作，已经完成第一个版本微课案例的制作，下面开始制作第二个版本（虚拟场景型）微课案例。

11.5.1 绿布抠图

视频讲解

在准备素材阶段，拍摄了一个绿布背景的实景视频，如图 11.9 所示。将其导入到 Camtasia

媒体库,然后引用到轨道。在画面编辑区,利用裁剪工具将其适当裁剪,如图 11.21 所示。

切换到"视频效果"功能区,为视频添加"删除颜色",如图 11.22 所示。然后在"属性"面板中选择"颜色"下拉列表中的"从图像中选择颜色"工具,在视频的绿色背景上单击,删除背景颜色,如图 11.23 所示。

图 11.21　对视频适当裁剪

图 11.22　选择"删除颜色"

将一个虚拟背景图片导入到媒体库,然后引用到轨道,将这个背景轨道放在视频轨道下边。在编辑区缩放教师画面尺寸并将其放置在虚拟背景的合适位置,效果如图 11.24 所示。

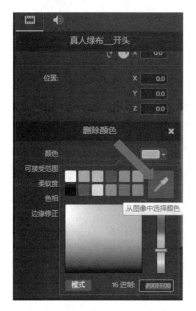

图 11.23　选择"从图像中选择颜色"

图 11.24　将教师形象放置到虚拟背景中

11.5.2 录制旁白

视频讲解

用手机拍摄的实景画面的声音效果不好,这里利用 Camtasia 软件的"语音旁白"功能录制新的旁白声音,替换原来的声音,如图 11.25 所示。

图 11.25 录制旁白

11.5.3 特效文字

视频讲解

在虚拟场景中的一个显示屏幕上,需要添加一个标题文字,因为这个显示屏幕具有一定的空间角度,所以添加一般的注释文字不符合要求。这里提前在其他软件(如 Flash、PowerPoint 或者 Photoshop)中制作一个绿色背景的文字特效,将其导入到 Camtasia 中,然后删除绿色背景,即可实现需要的标题文字效果,如图 11.26 所示。

图 11.26 特效文字

11.6 高级操作

本节继续制作第二个版本——虚拟场景型微课案例。主要讲解微课的画面布局方式、转场效果、缩放动画以及片头模板的应用。

11.6.1 画面布局

前面第一个版本的微课案例中,录制的 PPT 视频就是对两张幻灯片的讲解过程,在第二个版本的微课案例中,为了使视频画面更加丰富,这里加入教师讲课的画面。

教师讲课画面和 PPT 视频画面结合在一起时,有两种常见的画面布局方式。第一种布局方式是将教师讲课形象放在 PPT 视频画面中;第二种布局方式是将教师讲课形象放在 PPT 视频旁边,如图 11.27 所示。

(a) 第一种方式　　　　　　　　　　(b) 第二种方式

图 11.27　两种布局方式

本案例中采取了这两种画面布局方式。第一张幻灯片的讲课视频和教师形象采用了第一种画面布局方式,第二张幻灯片的讲课视频和教师形象采用了第二种画面布局方式。

在制作第一张幻灯片时,提前在其右侧预留了空白位置,如图 11.28 所示。在 Camtasia 中进行视频编辑时,通过绿布抠图将教师讲课的形象抠出来,调整尺寸,然后将其放置在预留的空白处。

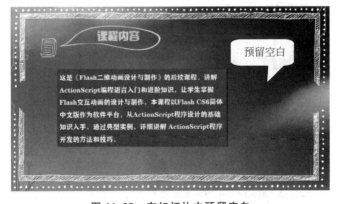

图 11.28　在幻灯片中预留空白

第二种画面布局也是先将教师形象通过绿布抠图抠出来,然后更改第二张 PPT 讲课视频的尺寸和位置,把教师画面和 PPT 画面并列摆放。

11.6.2 转场效果

前面已经完成了虚拟场景的创建以及人物画面的布局,接下来通过设置转场效果完善一下画面的切换效果。

目前为止，微课视频中教师形象的出现和消失，都有些突兀，可以为其设置转场效果，使视频画面更加流畅自然，如图11.29所示。

图11.29　添加转场效果

不同的视频画面连接在一起以后，也可以通过设置转场效果，使画面的切换效果更加丰富多彩。

11.6.3　缩放动画

本节要制作一个常见的放大镜效果，就是讲课画面局部的缩放效果。在微课视频中，如果想突出重点内容的画面，可以让画面放大，就像推出一个近景镜头效果一样，展示完成以后，还可以还原画面。

在Camtasia中，可以利用"动画"功能区的"缩放和平移"功能进行制作，如图11.30所示。

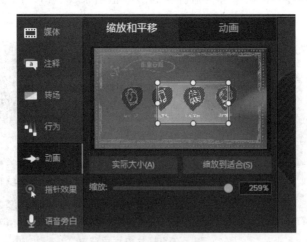

图11.30　制作缩放动画

11.6.4　片头模板

虚拟场景型微课案例基本制作完成了，最后再给它添加片头和片尾。这里利用Camtasia媒体库中的片头模板进行设计与制作，如图11.31所示。

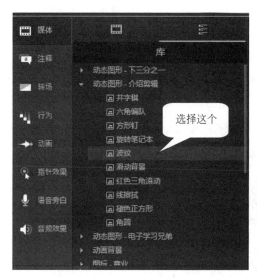

图 11.31 应用库模板进行片头制作

11.7 卡通交互

本节开始制作第三个版本(卡通动画型)微课案例。这个版本的微课案例加入两个卡通动画人物,先从它们的交互对话开始引入讲课内容,然后在微课视频中穿插教师卡通人物形象,使微课视频更加活泼生动。

11.7.1 准备卡通素材

卡通动画型微课案例中,卡通动画人物素材是最重要的元素。本案例使用的素材如图 11.32 所示。

视频讲解

图 11.32 卡通人物素材

这两个卡通人物素材是两个 GIF 格式的动画文件,可以使用专业软件(如 Flash 或者 Photoshop)进行制作,也可以通过网络搜索下载获取。如果是透明背景的文件,导入到 Camtasia 中可以直接使用;如果是纯色背景的文件,导入到 Camtasia 中可以先绿布抠图,然后再使用。

11.7.2 卡通人物对话

本案例第一个场景就是两个卡通人物的交互对话,学生和老师一问一答,引入授课内容。效果如图 11.33 所示。

图 11.33 卡通人物对话

在 Camtasia 中将卡通素材引入到轨道上,根据对话内容安排卡通动画人物的出场次序。当一个卡通人物说话时,显示其动画,同时另一个卡通人物处于静止状态,显示其静止图像。这里要注意同一个人物的卡通图像(静止时)和卡通动画(说话时)的坐标要一致。

11.7.3 卡通画面布局

这里的卡通画面布局和虚拟场景型微课案例类似,只不过将真实的教师形象换成了卡通人物。

卡通人物和 PPT 视频画面结合在一起时,采用了两种画面布局方式。第一种布局方式是将卡通人物放在 PPT 视频画面中;第二种布局方式是将卡通人物放在 PPT 视频旁边,如图 11.34 所示。

(a) 第一种方式

(b) 第二种方式

图 11.34 卡通画面布局

具体的制作方法和前面虚拟场景型微课案例类似。第一张幻灯片的讲课视频和卡通人物采用了第一种画面布局方式,第二张幻灯片的讲课视频和卡通人物采用了第二种画面布局方式。

图书资源支持

感谢您一直以来对清华版图书的支持和爱护。为了配合本书的使用,本书提供配套的资源,有需求的读者请扫描下方的"书圈"微信公众号二维码,在图书专区下载,也可以拨打电话或发送电子邮件咨询。

如果您在使用本书的过程中遇到了什么问题,或者有相关图书出版计划,也请您发邮件告诉我们,以便我们更好地为您服务。

我们的联系方式:

地　　址:北京市海淀区双清路学研大厦 A 座 714

邮　　编:100084

电　　话:010-83470236　010-83470237

客服邮箱:2301891038@qq.com

QQ:2301891038(请写明您的单位和姓名)

资源下载:关注公众号"书圈"下载配套资源。

书圈

获取最新书目

观看课程直播